中大珠海哲学教程系列

马基雅维利政治哲学导论

［韩］郭峻赫 著

许 放 柳美贤 译

黄梦晓 校

中国社会科学出版社

图书在版编目(CIP)数据

马基雅维利政治哲学导论 / (韩)郭峻赫著；许放，
柳美贤译. -- 北京：中国社会科学出版社，2025. 5.
(中大珠海哲学教程系列). -- ISBN 978-7-5227-4966-2

Ⅰ. D095.463

中国国家版本馆 CIP 数据核字第 20259P47R4 号

出 版 人	赵剑英	
责任编辑	韩国茹	
责任校对	张爱华	
责任印制	张雪娇	

出　　版	中国社会科学出版社
社　　址	北京鼓楼西大街甲 158 号
邮　　编	100720
网　　址	http://www.csspw.cn
发 行 部	010-84083685
门 市 部	010-84029450
经　　销	新华书店及其他书店

印　　刷	北京君升印刷有限公司
装　　订	廊坊市广阳区广增装订厂
版　　次	2025 年 5 月第 1 版
印　　次	2025 年 5 月第 1 次印刷

开　　本	710×1000　1/16
印　　张	11.75
插　　页	2
字　　数	147 千字
定　　价	78.00 元

目　　录

序　言

唐士其

北京大学国际关系学院院长

经典之为经典，原因就是其能够为后人提供一个可供不断更新和扩展的意义空间，马基雅维利的著作显然具备这样的特质；而在可以说已经浩如烟海的关于马基雅维利的著述中，《马基雅维利政治哲学导论》因其独特的思想贡献，显然也可以进入新的意义空间的开拓者之列。

郭峻赫教授这部思想史论著重点关注的，不是传统上马基雅维利研究中人们谈论最多的政治与道德、目标与手段的关系，而是作为共和主义者的马基雅维利对公民自由的思考与追求，而正是在这一关注之下，人们熟知的马基雅维利的思想获得了新的、不同的含义。正如作者所言，马基雅维利面孔无数，而本书则可被"视为一尊马基雅维利的'躯干像'（torso）"（第 14 页）。

一　马基雅维利的政治及其目标

本书作者认为，马基雅维利真正关切的是公民自由。在马基雅维利看来，过去所有的美好事物都来自"自由生活"，而现在的混乱则来自"奴隶生活"。（第118页）但是，马基雅维利所说的自由并不同于古希腊罗马时代人们理解的自由，因为其中已经包含了对人性或者说人欲即人的自然的认可，这种人欲不再需要传统道德观念的节制，也不再具有基督教意义上"原罪"的属性。对此，马基雅维利自己毫不讳言："任何人要是看到我们的书信，我敬爱的同道啊，看到它们的丰富多姿，必定会大为惊讶。乍一看，我们似乎都是严肃的人，注意力完全集中于重大事务，头脑中流过的任何想法，无不关乎庄重、笃实。不过翻到下一页，读者就会发现，我们——仍是同一个我们——猥琐、轻浮、好色，专爱干些荒诞不经的事。这种行为若在有些人看来是可鄙的，在我看来则是值得称道的，因为我们是在效法自然，多变的自然。任何效法自然的人都不应当受到非难。"（第51页）模仿自然的人不该受到非难，按照自然生活的人更不该受到指责。马基雅维利希望，所有的人能够不受逼迫和烦扰，如其所是地按其本性生活，并且通过某些政治安排获得安宁与满足，这就是他们的自由。

这样一种对自由的认识当然意味着马基雅维利彻底改变了政治的目标。他眼中的政治，已经从根本上不同于古典时期那种以公民美德为基础，并且以增进公民美德为目标的"高级"政治，但也不同于基督教思想中那种一部分罪人对另一部分更邪恶的罪人施以强制约束的"低级"政治。马基雅维利自己说，他试图让人们了解的政治，指的是并非在人们的想象中，而是在人们日常生活中实际发生之事；而他的写作目的，就是"写一些对理解它的人有用的东西"。他特别强调，很多人对政治的理解恰恰出于想象，而事实上他们"曾经想象过的共和国或者君主国，从来没有人见过，也不知是否真的存在"（第15

页）。因此正如作者所指出的，在马基雅维利的著作中根本找不到"自然"或者"上帝"这类在古典政治生活中发挥规范作用的概念，当然也看不到他对它们所能够发挥的力量的信念。这样一种对政治及其目标的理解，体现的是马基雅维利对传统政治思想的深刻叛逆，或者也可以说他的革命性的一面。

即便如此，考虑到马基雅维利的时代所提供的可能性，他崇尚的或者他所能够想象的"公民自由"其实十分有限，与放任妄行更是存在十分遥远的距离，后者对马基雅维利来说甚至是不可企及的奢望。在他当时所处的佛罗伦萨，一套独立稳定的政治秩序，以及这种秩序之下公民们不受外部侵害和内部逼迫的生活，几乎就是马基雅维利的政治需求即他所向往的自由的全部。这种需求如此强烈，使他甚至强调为了国家的独立和安全，统治者可以抛开一切道德约束。当然，马基雅维利提出这样的主张，倒也并非来自他在现实生活中对苦难的亲身体验，他本人虽然遭逢政变，半生不得志，但也不曾在乱世中颠沛流离，衣不蔽体、食不果腹，所以他对政治秩序和政治稳定的诉求，更多是来自他内心深处对那种他所理解的"真实"的政治的呼唤。这种政治把"共同体的生存"作为至高目标，而这种生存本身同时就意味着"公民的自由"，并且后者乃是前者的基本条件。把这两个要素综合起来，也可以认为马基雅维利基本的政治目标，就是"自由的政治共同体的生存"。正因为如此，马基雅维利一方面拒绝如亚里士多德那样，把"善好的生活"作为政治的目标，另一方面又试图说服人们相信，自由的生活事实上就是"善好的生活"。

基于以上的理由，作者肯定马基雅维利作为一位共和主义者的政治立场。当然，除马基雅维利对公民自由的强调之外，这种立场还可以从他对民众的重视程度上看出来。马基雅维利理想的未来共和国实

3

际上并非类似元老院统治之下的罗马，而应该是一个以人民的"力量"为基础的全新的国家形态。（第30页）换言之，新国家将不是一个维持贵族与平民简单"共存"的政治体，而是能够确保平民相对贵族占据优势地位的共和国。（第30页）与此相适应，政治的根本目标也被明确规定为"多数人的安全"。（第33页）马基雅维利自己曾表示："因为在每个共和国都有权贵和平民，故有疑惑的是把上述护卫者安排到哪一个的手中更好。在古代的拉塞德芒人（即斯巴达人——引者）那里，在今日的威尼斯人那里，这个护卫者被安置于贵族之手；而在罗马人那里，它被安置于平民之手。"（第113页）马基雅维利当然倾向于罗马人的选择，即把平民作为共和制度的护卫者，也就是权力的主要扶掌者。

马基雅维利给人的印象是一位政治权术的教师。他明确告诉人们，政治事实上就是一个各种野心与利益相互竞争的过程，也是一个尔虞我诈、你死我活、毫无退让余地的斗争过程。他希望人们能够正视并且利用政治的这个基本面向。马基雅维利教导君主为了获得、维持和扩张自己的权力，在必要的情况下可以无所不用其极。但是，仔细阅读马基雅维利的著作，人们却很难发现他崇尚的君主除了荣耀之外，追求权力还有什么其他的目的。相反，他一再提醒君主们，作为个人，不可依恋财富，更不可夺人所爱；要令人恐惧，但不可遭人憎恨。就此而言，也可以说在马基雅维利的思想中，理想的君主成为一种很奇特的角色，他权势无双、万人膜拜，却又孤身一人、孑然无亲，甚至面临无数隐身的敌人。他似乎只是某种工具，目的却是公民的自由和安宁。因此，好的君主既为了人民，也需要依靠人民，在可能的情况下通过说服而非压制多数达成最佳可能的方案，才能不仅保有自己的地位，而且保障自己的安全。（第93页）

当然，谈到马基雅维利，人们通常首先联想到的不是民众，而是君主。作者认为，不仅《君主论》是献给当时君主的政治手册，而且有大量的证据可以证明《李维史论》的读者也是潜在的僭主。（第107页）传统上说，僭主即或者非法获得政权，或者非法实施统治的君主。对马基雅维利来说，僭主的根本特征，就在于他们对政权的获取和使用超越了传统的政治和道德规范。但出于明智的政治考虑，马基雅维利仍然要求未来的僭主能够关注公民的生活状态，关注公众的安全，以及他们在获得安全之后的自由。（第112页）因此对于理想的君主，相较于马基雅维利的研究者们谈论较多的两位意大利政治家切萨雷·博尔吉亚和吉罗拉莫·萨伏那洛拉而言，本书作者认为马基雅维利更倾向于被他本人的虚构多多少少美化了的叙拉古统治者西耶罗二世，以及古罗马的政治家布鲁托斯，因为他们更切近人民，从而拥有一种"能够模仿的伟大"。

二　"分歧"与"非支配"

本书作者认为，在马基雅维利看来，要为公民保障一种自由的生活，需要某些特定的政治安排。这类安排包括两个方面的主要内容，一是容许甚至鼓励社会的"分歧"；二是把自由保持在一种"非支配"的状态。这是作者在全书中反复阐释的基本观点，也是作者对马基雅维利研究的一项独特贡献。

作者指出，虽然马基雅维利并非政治思想史上最早关注"分歧"的人，但却是第一位赋予"分歧"以积极意义的思想家。在他之前，"分歧"被普遍视为政治中纷争与矛盾的根源，因而是政治实践中需要防范和规避的现象。马基雅维利则毫不迟疑地指出："分歧是不可避免的，如果能够有效地进行制度化，那就会非常有益于共同体。"
（第4页）当然，对这个问题可以稍稍进行一点辨析。传统上，政治
思想家们并不排斥政治中的差异，因为从某种意义上说，政治本身就
是差异的产物，同时也是差异的制造者。因此从柏拉图和亚里士多德
开始，除持类似无政府主义立场的思想家（比如犬儒学派中的一些
人）之外，人们不仅不试图消除差异，而且往往把差异作为某种积极
的政治因素加以利用，形成各种均衡的制度安排，混合政体的思想就
是一个典型的例证。至于本书作者所说的"分歧"，指的并非这种被
约束在某些制度边界之内的"健康"的差异，而干脆就是政治中的动
荡与骚乱，他引用马基雅维利本人的话证明这一点："因为这些好的
例子源于良好的教育，良好的教育源于良好的法律，而良好的法律源
于被许多人轻率地斥责的那些骚乱。"（第96页）

　　马基雅维利对"分歧"的肯定，从他对当时几乎所有人一致赞美
的世界上"最安静的共和国"威尼斯的负面评价中可以清楚地看出
来。在马基雅维利眼中，这个"安静的共和国"，实则是一个"死亡
的共和国"。（第116页）与此类似，他对政治史上以稳定著称的古代
斯巴达也持消极的看法。马基雅维利向往的，是走向帝制前夕的罗
马，那个当时的知识分子所谓的"骚乱的共和国"。马基雅维利肯定
"分歧"的基本原因，一方面固然是在他看来"分歧"应是政治的题
中应有之义；另一方面，则是因为他确信如果处理得当，矛盾和"分
歧"不仅能够保障公民自由，还能够使国家变得更加强大。（第114
页）对马基雅维利来说殊为可惜的是，由于当时罗马的政治家们没有
能够真正依靠民众，从而让罗马走向了帝国，这成了他一生的遗憾。

　　能够容纳"分歧"，就意味着政治并非铁板一块，也就意味着统
治者不必对公民实行类似柏拉图《理想国》中那样严格的管控，或者

如《政治家篇》中所说的那样，用一种高明的编织术把不同的人严严实实地"编织"在一起。马基雅维利设想的政治秩序，应该容许大量可以容许公民们自由摆动的空间，这就导向了所谓的"非支配的自由"。这里所说的"非支配的自由"根据伯林（Isaiah Berlin）的二分法，既不同于不受干涉的消极自由，也不同于主动参与政治的积极自由。虽然"非支配的自由"也是一种消极意义上的自由，但不是免于干涉而是免于支配。作者认为，这种"非支配的自由"体现的是受压迫者的愿望，是远离政治权力的多数人的气质（第7页），即"从压抑中获得的解放"（第6页）、"不愿受他人恣意支配的欲求"（第30页）。在马基雅维利看来，这是大多数人期望的状态，也就是自由（libertà）本身；而通过人民的自由来牵制贵族野心的政治秩序就是共和国（第64页），或者简单地说，"非支配"就是"共和国"的特征，实现"非支配"就是构建"共和国"（第8页）。

　　本书作者指出，马基雅维利这种关于"非支配的自由"的思想，显然是现代政治可以从中汲取有益成分的资源。首先，"非支配的自由"本身就意味着一种政治上的"分歧"状态，一个社会如果想要保持多样性，"分歧"就不可避免。其次，在马基雅维利看来，平民和贵族之间某种张力的存在，对于一个国家的生命力来说至关重要。"但是，如果要想罗马城邦变得较为安宁，就会产生这种弊端：它也会更加虚弱，因为这切断了它能够变得像它所达到的那种伟大的通路。因此，如果罗马想消除制造骚乱的原因，就也要消除导致扩张的原因。"（第117页）也就是说，没有人民的"力量"，贵族的懒惰与傲慢就无法得到牵制，国家就无法避免陷入没落和平庸。（第30页）在现代社会，"分歧"可以成为让民主充满力量从而保持其健康状态的活力之源。"如果人们不转变对分歧的认识，只提倡'和谐'与

'统一'，那么'审议'与'讨论'就仅仅成为确认彼此不同立场的过程。"（第99页）最后，因"非支配的自由"而导致的"分歧"也有助于达成稍微有利于被统治者的统治者与被统治者之间的平衡，从而有助于保障政治的民主性质，同时又避免政治陷入无谓的争斗。

作者认为，把自由理解为"非支配"，可以摆脱从"支配"与"被支配"二元对立的视角来认识政治过程，特别是意见表达和获得同意的过程，摆脱仅仅把政治视为不同"力量"相互对峙的"悲观的现实主义"，"让我们的政治生活变得更加丰富多彩"。（第8页）这个看法基于作者对马基雅维利本人思想的认识。作者强调，马基雅维利在构想佛罗伦萨宪制时，一个基本的考虑就是如何实现"公民自由"与"政治稳定"的均衡，因为当时的知识分子们一个普遍的倾向是认为公民自由将破坏政治稳定，而佛罗伦萨反复动荡的历史似乎也证明了这种担忧，因此"政治稳定"才是最高目标，而为了实现政治稳定就应该限制公民自由和政治参与。但马基雅维利的主张却正好相反。他认为，佛罗伦萨政治史上之所以反复出现毁灭性的恶性冲突，其原因恰恰在于人们不认可"分歧"的正当性，因而把任何"分歧"都视为邪恶之物加以压制。如此一来，"差异不被承认，共存无法实现，对话与说服沦落为宣传与教化的工具，这所有的一切都已成为典型的宗派冲突"（第11页）。

作者明确表示，他对于马基雅维利关于"分歧"与"非支配的自由"思想的强调，是为了寻找某种解决当下西方政治生活中普遍存在的矛盾的出路。现代西方政治的困境在于，"虽然有民主程序，但没有民主政治；虽然有统治，但没有民主的内容；虽然渴望变化，但缺乏运动中必须具备的审慎"（第12页）。与此相对，作者强调马基雅维利主张的"非支配的自由"虽然是"解放的"，但不是"无政府的"（第6页）。也就是说，自由的"非支配"性质使"分歧"可能产生的破坏性大大降低。当共和国的"多数人"梦想着非支配的时候，公民自由和公民品格就能够得到保障。（第92页）作者认为，没有必要恐惧多数，因为"多数人"参与政治的最终目的不过是"不受支配"。反过来，如果"多数人"真的梦想支配的时候，就意味着"多数人"很可能已经被"少数人"的煽动与野心牢牢套住，"分歧"已经消亡殆尽。（第92页）

总的来说，本书作者倾向于提倡一种低水平的、"被动式"的民主，或者也可以称之为"非支配的"、基于"分歧"的民主。其要点在于增强社会范围内基于"分歧"进行沟通与合作的能力，以及通过"分歧"来设计新制度的审慎的领导能力，而不把"分歧"与民众的要求简单地导入政治体制内部，由此降低制度层面的冲突。（第80页）作者并且向各方呼吁："自由主义者应更多考虑自由生活得以可能的社会政治境况，而不是自由选择；共和主义者应像要求公民团结一样，更多重视个人自主性；激进主义者应在程序中寻找答案，而非革命；保守主义者应在改变中寻找希望，而不是维持现状。"（第14页）总之，就是在一个"分歧"社会中的各方能够以积极的态度肯定和尊重"分歧"本身，让"分歧"成为政治的动力而非政治的障碍或者政治的陷阱。

三　作为一种冒险和可能的政治

如果说古典政治哲学更注重政治制度的话，那么马基雅维利关注的则是政治中的艺术与谋略，因为在他看来，政治的基本特征就是不确定性，因此，并不是政治不需要规则、制度与法律，而是具有创造性的政治家不可能被这些规则、制度与法律套住自己的手脚。恰恰是在不确定中，政治家通过冒险而找到了某种可能。马基雅维利在《君主论》中写道："上帝不包办一切，这样就不至于把我们的自由意志和应该属于我们的一部分光荣夺去。"（第74页）正如本书作者所言："如果政治上不存在不确定性，或者政治只能按照某种确定性运行，就没有必要为政治权力展开激烈斗争了；如果行为模式是连贯的、确定的，学者的清晰论证就能解救意大利了。"（第29页）一句话，没有不确定性，政治家就没有了用武之地。

马基雅维利认为，正因为政治中的不确定性，政治行为的结果才不可预测。也就是说，没有任何因素能够为政治家提供可预知的未来与结果，这正是他否定古希腊罗马的"自然"和基督教的"上帝"的根本原因。一位不相信确定性的思想家，也就不会劝说人们服从命运的摆布，而是会鼓励人们通过冒险寻求政治中的可能性。与希腊思想家把政治知识视为科学相比，马基雅维利更倾向于把政治行动理解为一种艺术和冒险。本书作者指出，根据马基雅维利的解释，罗马的成长并非如波里比阿等历史学家所理解的那样，体现了政治中的必然，相反，罗马的荣光是一系列"偶然"（caso）的结果，是一系列政治家在未曾预见到的各种事变中追求冒险与可能的结果。"对于马基雅维利来说，罗马共和国至少是一个活生生的证据，证明依靠人的意志能够改变或逆转政体循环的过程。"（第118页）

在冒险中追求可能性，需要政治家具有坚强的信念。马基雅维利在《李维史论》中写道：优秀的政治家"永远不应灰心丧气，因为，既然他们不知道命运的意图，而她不走通常的道路且不为人所知的；那么，他们应该总是抱有希望，并且在有希望时就绝不应灰心，不管他们可能处于什么样的境况和遭遇什么样的痛苦。"（第79页）。马基雅维利希望政治家相信，拥有勇气、智慧和审慎的人能够征服命运，所谓的审慎并非谨小慎微，而是自己开创有利局面的勇敢。（第74页）作者以马基雅维利的喜剧为例指出，在他写出的那些角色中，"没有人将人间万事都归结为神的旨意，也没有人料事如神似的说话"，"相反，他建议抛弃那些试图通过绝对的存在与自明的真理来摆脱命运不确定性的想法，并且提出面对命运决不放弃的忠告"（第78页）。马基雅维利甚至敢于刻意打破所有的道德约束，为他的话剧《曼陀罗》中那位敢于冒险的年轻人卡里马科安排了一个最惬意的结局：得到了已为人妻的年轻貌美的卢克蕾西亚。在这个过程中，甚至教士、医生、卢克蕾西亚的母亲都成为他的助手。马基雅维利如此鼓励敢于冒险的政治家："我确实认为是这样：以雷霆万钧之势行事胜于小心谨慎，因为命运之神是一个女子，你想要压倒她，就必须打她，冲击她。人们可以看到，她宁愿让那样行动的人们去征服她，胜过那些冷冰冰地进行工作的人们。因此，正如女子一样，命运常常是青年人的朋友，因为他们在小心谨慎方面较差，但是比较凶猛，而且能够更加大胆地制服她。"（第74—75页）

马基雅维利崇尚的政治家，是那种能够从混乱中建立秩序的人，是海德格尔所说的"开端者"和"建国者"。他在《君主论》中指出，现在是一个需要摩西的时代，来拯救被奴役的以色列；而在《李维史论》中则指出，现在需要的领导者是那种能够制定"法律"，保证所有人必须遵循"必然性"，还能让人民接受"必然性"的人。（第74页）用德国法学家施米特（Carl Schmitt）的话来说，这种人是能够决断之人，而决断之所以被称为决断，最根本的原因就是它必须决断决断的根据本身。

四　政治与道德

关于马基雅维利的任何讨论，都不可能不涉及政治与道德的关系，因为在思想史上，没有任何一个人像马基雅维利那样诋毁道德。他不仅公开提倡政治家要摆脱道德伦理的约束，而且在写作中使用种种修辞手段，置传统道德于死地，因此把马基雅维利称为道德虚无主义者并无不可，称他为"邪恶导师"也不算过分。

当然需要看到，马基雅维利对于道德伦理表现出的那种类似应激反应的态度，与他的写作环境具有一定的关系。在马基雅维利的时代，基督教道德秩序的正当性虽然已经受到很大冲击，但仍然具有唯一的合法性。这种道德秩序具有两个方面的特点。首先，它具有某种压制人性的禁欲主义特征，而这种对人性的压制，在马基雅维利的时代已经激起各方面的激烈反弹；其次，作为一套律令式的道德原则，它不允许任何的变通。前者让人文主义者们认为这套道德体系邪恶而虚伪，后者让任何了解政治本质的人感到迂腐而碍事。马基雅维利自己如此表达他对基督教的敌意："我们的教育与古代有差异，而这种差异是基于我们的宗教与古代的差异。因为，我们的宗教既已向我们指明了真理和真正的道路，便使我们不那么重视世俗的荣誉；而异教徒很重视这种荣誉，并已经相信这是他们的至善之所在，因此他们在战斗中更加勇猛好战。"（第71页）这段话需要反过来读，意思就是基督教宣称其垄断了真理，从而让人们放弃了对生活中真正美好与至善之物的追求。

所以，如何对待这套道德体系，的确是当时所有具有开创性的思想家必须面对的问题。当然，大多数人的做法与马基雅维利不同，他们不会正面挑战传统的道德秩序，而是一方面在把人的本性和欲望正当化的同时又将其塞入这套道德秩序当中，另一方面当政治与道德面临不可调和的冲突的时候尽可能保持沉默，比如霍布斯就是一个典型的例证。至于人性中恶的一面，他们不像马基雅维利一样公开在政治上对其加以正当化，但肯定也不会再试图采用任何政治或者社会性的手段加以压制，而是让这些恶行在不同人的行动中相互抵消，以达到"私人的恶"导致"公共的善"（荷兰思想家孟德维尔语）的结果。

　　马基雅维利的惊世骇俗之处在于他公开宣扬恶德的作用，特别是在政治行动中。本书作者认为，马基雅维利选择这样的写作策略，是因为他相信"伟大而辉煌的成就没有理由一定要源自高贵而神圣的动机"，而且"个人品格与政治成就毫不相关，如果在需要行动的当口陷入道德的苦闷，就连从事'政治'的资格都不具备"（第28页）。也就是说，马基雅维利之所以这么做，无非试图矫枉过正，鼓励政治家们大胆从事政治上的冒险，因为只有"那些认为'政治从一开始就是丑恶的'，但还是决心主动走进这个泥潭，就算满身污垢也要通过政治来实现新的希望，这样的人才是马基雅维利的观众与读者"（第35页）。反过来，那种把"'道德'放在首位的悲观主义不仅否定政治，而且否定人类本身"（第148页）。也就是说，如果恪守传统的道德规范，则人们只有三个可能的选择：一是仍然像基督教的政治观那样，把政治视为一部分恶人对另一部分恶人的统治，把国家视为一群大盗，进而剥夺政治生活中一切积极的价值与可能，否认任何对政治加以改善的企图；二是像无政府主义者那样，彻底放弃政治；三是把政治提升为道德，但这会导致巨大的风险，因为明眼人都清楚，那无非一种乌托邦。

　　无可否认，政治与道德之间的确存在区别和矛盾，这一点亚里士多德已经通过讨论好人和好公民的标准之间的相互冲突讲得很清楚。亚里士多德认为，只有在最理想的城邦中，这两个标准才有可能统一。再次确认政治与道德的区别，同时承认被基督教道德否定的政治本身的正当性，这是马基雅维利的一大贡献。就此而言，"'道德'与'政治'的一致很可能是那些试图通过维持现状来获取利益的无耻之人玩弄的语言游戏"（第28页）。

马基雅维利承认政治的正当性，但并不美化政治，他要求人们正确理解政治。因此马基雅维利一再提醒政治家们，一定要如实认识人性，洞察"人类邪恶和懒惰的属性"，必须把人类随时都可能会运用"邪恶精神"作为行动的前提。他甚至强调："创建共和国，并于其中制定法律的人，有必要假设所有的人都是邪恶的，无论何时，只要他们有自由的机会，就总是要利用他们的灵魂中的恶。"（第15—16页）如果没有这种洞察力，只能说明政治家根本不具备保卫公民自由所必需的实践智慧，就不可能确立"好的法律"，拥有"好的军队"。（第96页）马基雅维利让政治家了解人性之恶，或者把所有人视为恶人，并不仅仅是要求他们正视事实，而且要求他们善于利用这种恶，甚至比他的敌人更"恶"。对于那些能够挽救国家于危亡的事，哪怕被称为恶行，他也应毫不犹豫地施行，而且不必计较这是否会给他带来不光彩的名声。就如他那句名言所说，政治家必须兼具狮子的勇猛与狐狸的狡猾，方可立于不败之地。

但必须指出，马基雅维利如此理解政治，固然为政治赢得了某种独立的生存空间，甚至也如培根所说，通过区分应然与实然，为现代政治学奠定了基础，但另一方面，他在实际上又再次封闭了政治的可能性。最关键的一点，就是承认人性中恶的一面，以及承认政治中悲剧性的、晦暗的一面，与无条件认可政治中的恶是两件完全不同的事情，目的的正当也不能完全证明手段的正当。一位真正的政治家，必然是一位清醒的现实主义者，但不应该是奸诈邪恶之徒。孔子曾说过："不逆诈，不亿不信，抑亦先觉者，是贤乎！"（《论语·宪问》）所谓贤者，不必总是怀疑别人欺诈，也不必猜测别人不诚实，待人以诚，却也不会上当受骗，所以贤者并非蠢人，亦非小人。

另外，真正的政治家必须清楚他不得不面临的基本选择。但他需要同时清楚的，是完整的政治意义上的选择和完整的道德意义上的选择，并且在这两种选择之间进行自觉的权量，并承受相应的代价。政治标准的确不可能完全等同于道德标准，政治家出于政治的考虑也可能留下道德上的缺陷，但会有一个更高层次的道德标准对他的选择进行判断。子贡和子路都针对管仲不能追随旧主即公子纠的问题请教过孔子，管仲是否可以算是"仁"者。孔子对他们的回答类似，即管仲辅佐齐桓公"九合诸侯，一匡天下"，建立了和平与秩序，是有大"仁"者。也就是说，天下国家的利益是更大的道德，为此个人私德上的缺陷可以原谅。但孔子同时认为不能无视这种缺陷，更不能文过饰非，所以总体上看，孔子对管仲的评价并不很高。中国传统上倾向于尽可能兼顾道德与政治，甚至在可能的情况下提倡为了道德原则牺牲政治上的利益。《春秋公羊传》中记载了一段齐桓公的故事。鲁大夫曹刿在柯之盟中，仗剑逼迫齐桓公向鲁国让与汶阳之田。齐桓公被迫同意之后，有人认为"要盟可犯"，而"桓公不欺"，"曹子可仇"，而"桓公不怨"，所以《公羊传》认为："桓公之信著乎天下，自柯之盟始焉。"（《春秋公羊传·庄公十三年》）当然，对道德原则的坚守不一定总是带来政治上有利的结果，但如果人们没有这样的信念，人类的未来就失去了希望。

中国古代政治史上，充满了政治家们在政治与道德原则之间如何进行选择的大量案例，其中体现的就是所谓的"春秋大义"。对于道德与政治之间的关系，以及道德原则的根本性地位，唐太宗李世民理解得很透彻："朕看古来帝王以仁义为治者，国祚延长，任法御人者，虽救弊于一时，败亡亦促。既见前王成事，足是元龟。今欲专以仁义诚信为治，望革近代之浇薄也。"（《贞观政要·仁义》）"周既克殷，务弘仁义；秦既得志，专行诈力。非但取之有异，抑亦守之不同。祚之修短，意在兹乎！"（《贞观政要·辩兴亡》）司马迁对项羽的评价是："自矜功伐，奋其私智而不师古，谓霸王之业，欲以力征经营天下，五年卒亡其国，身死东城，尚不觉悟而不自责，过矣。乃引'天亡我，非用兵之罪也'，岂不谬哉！"（《史记·项羽本纪》）中国古代把道德原则与政治需要之间的关系称为经与权，或者实与权的关系，根本原则是"以实行权，以权济实"，或者如董仲舒所说："明乎经变之事，然后知轻重之分，可与适权矣。"（《春秋繁露·玉英》）最典型的传说大概是周的先祖亶父的事迹。他因为爱护百姓的生命，甚至放弃了自己的故土。但他治下的人民恰恰因为他的仁爱而扶老携幼，追随他迁至岐山之下。亶父后来被尊称为太王，他的选择为周朝的兴起奠定了政治和道德的基础，也为周的道统提供了重要的合法性根据即"仁人爱民"。

最后需要说明的是，《马基雅维利政治哲学导论》虽然篇幅不长，但却不是一本通俗读物，而是一部严肃的学术著作，是作者长期深入研究马基雅维利和共和主义政治思想，以及深入思考西方当代政治制度问题的成果。要真正理解这部著作的全部含义，读者不仅需要了解马基雅维利的著作与生平、他的时代意大利的政治生活，以及古代希腊罗马的政治思想与政治实践，还需要用心思考书中的一些基本判断所蕴含的深意。作者如此道出他的思考和写作原则："自发地摆脱熟悉的思维方式，真诚地自我反思，谨慎地重新解释。"（第3页）我们也应当以这样的原则阅读这部著作。

这篇序言基本上是本书思想的浓缩与梳理。至于最后一部分提到的中国古代关于政治与道德关系问题的一些观点，也可算是对本书内容的一点补充。在中国传统政治思想中，相关的思考始终存在，它们规范着政治家的选择，并且为人们对政治家进行评价提供了重要的参照标准。政治很可能会超越类似"不说谎"这种律令式的道德规范，但政治同样需要一种情景化的道德判断。在政治与道德的两难中能否做出令人信服的选择，这考验的是政治家真正的智慧。此类思考是西方政治思想中相对缺乏的。

2023 年 11 月 10 日于燕园

自序：拥有梦想的现实主义

一　拥有希望的现实主义

马基雅维利不知道后来尼采（Friedrich Nietzsche）嘲笑过那些所谓高贵哲学家的伪善。[①] 他既不想用令世人尊敬的道德标准来炫耀自己的哲学，也不想把不受世人欢迎的自己美化成孤独的哲学家。他只是想通过列举那些"德行"不得已成为"恶行"的事例，来重新思考道德标准，同时否定并排斥那些能够使自己成为哲学家的一切形而上学要素。他把此前哲学家们的全部政治教诲都称为"错误的想象"（falsa immaginazione）。

马基雅维利排斥形而上学的最大原因，是当时统治阶层的腐败。欧洲局势的巨变已经威胁到了佛罗伦萨的生存，而贵族们依然只关注自己的利益，为了维持自己的统治，甚至可以给外敌大开方便之门。知识分子们虽然对政治现实极其失望，却只用哲学反思来消除自己的

---

① Friedrich Nietzsche, *On the Genealogy of Morality*, trans. Carol Diethe（New York：Cambridge University Press, 1994），3.8.82 – 85.

1

挫折感。这所有的一切都让公民们感到绝望。也就是说，他对形而上学的敌对态度反映了那个时代的苦痛，因为人们关于道德与哲学的谈论，已经沦落为试图通过维持现状来获得利益的政治修辞。

因此，马基雅维利重拾忘却已久的梦想。他梦想着公民重获自由，意大利从列强的魔爪中挣脱出来；梦想着小小的城市国家——佛罗伦萨能够像罗马共和国一样成长为帝国，进而主导时代的变化。当所有人都认为君主政体能够克服佛罗伦萨的混乱与孱弱时，马基雅维利却指出，与安静的威尼斯相比，有必要把喧嚣骚乱的罗马作为理想目标。他虽然没有完全否认建立共和国需要"一个"（uno solo）卓越的人物，但也在思考如何唤醒公民"不想受他人支配"的欲求，实现公民自由。

可惜，没有一个人认为马基雅维利能够实现这个梦想。世人指责他，给他贴上"理想主义者"的标签。就连他的密友圭恰迪尼（Francesco Guicciardini）也参与其中。圭恰迪尼认为他过于信赖人民，马基雅维利所说的罗马，与西塞罗梦想的以元老院为中心的罗马共和国典范相去甚远。[①] 实际上，马基雅维利并没有无条件地相信人民。他强调，集体理性发挥积极作用也是需要条件的，并且他也关注那种能够阻止共和国向支配和从属倒退的领袖能力。但圭恰迪尼所说的依靠"贵族"或"少数人"的共和国，从来不是马基雅维利所希望的。

严格地讲，马基雅维利似乎认为，当时的名门子弟和权势贵族还没有意识到时代的变化。就像西塞罗认为格拉古兄弟的改革悖逆了时代发展的潮流，马基雅维利时代的贵族也试图维持以元老院为中心的

---

① Francesco Guicciardini, "Considerazioni", in *Opere di Francesco Guicciardini*. cura. Emanuella Luganani Scarano（Torino：Unione Tipografico-Editrice Torinese, 1970），1.5.618.

贵族统治，妄图倒转"人民"成为国家力量的历史车轮。在《君主论》和《用兵之道》中，马基雅维利叹息道，掌权者倚重雇佣兵，忽视了"人民"比"军队"更重要的事实。在《李维史论》和《佛罗伦萨史》中，马基雅维利对那些拿人民的无知作为借口来满足自己私欲的贵族，表达了他的绝望之情。他批评道，这些人的"现实主义"是没有希望的现实主义，实质上就是一种残酷的表现。

二　不能成为约伯的文艺复兴人

即便如此，马基雅维利也没有用支配当时战略家头脑的反理性主义来武装自己。虽然他是一个永远不可能回到人文主义传统的浪子、掌权者眼里的外邦人，但他没有抛弃自己从古典和历史中学到的智慧。他自信地认为自己的想法是通过古典和经验形成的，[①] 称自己的知识为"关于历史的真正知识"（vera cognizione delle storie）。[②]

马基雅维利所说的知识，意味着对罗马教会的基督教历史观的挑战。事实上，他在《李维史论》中说罗马教会的教育存在问题，只不过是他的一个委婉说法。[③] 罗马教会与世俗政权毫无二致，为生存而展开斗争，神职人员的腐败让公民感到厌恶，就连辅佐教皇的圭恰迪尼也承认，如果不是职责所限，"我会像爱我自己一样，去爱马丁·路德"[④]。因此，如果马基雅维利仅仅满足于这种程度的批判，他所说

---

① *Principe* Dedica.（2）.

② *Discorsi* 1. proemio.（7）.

③ *Discorsi* 2. 2.（26）-（41）.

④ Francesco Guicciardini，"Ricordi"，*in Opere di Francesco Guicciardini.* cura. Emanuella Luganani Scarano（Torino：Unione Tipografico-Editrice Torinese，1970），2. 736.

的"前人未到"之地不过是个夸张的修辞。①

马基雅维利的意图体现在他使用的"历史"（storie）一词中。他没有使用"历史"的单数形式，而是使用了复数形式，这当然是有意为之。基督徒认为历史是神的旨意得到贯彻、启示得到实现的过程，是奔向终结的时间的延续。马基雅维利对此不以为然，对于他来说，历史并不朝着一个固定方向发展，不是独立于人类意图的某种意志施加影响的结果。他将历史理解为人类大大小小的日常生活，喜悦与绝望的英雄行动，欲求和激情引发的社会政治事件。并且认为，只有通过这些事情，人类才能真正拓展"知"（eidenai）的领域。

因此，马基雅维利无法像《圣经》里的约伯那样等待上帝的恩典。他不能接受约伯的态度——在没有任何过错的情况下，由于未知的原因，接受上帝的残酷刑罚，一边忍耐一边等待上帝的帮助。② 从这个思路来看，马基雅维利经常提到的"等待上帝的恩典"不过是他强调自己处境艰难的修辞手法。③ 就算他拥有信仰，也和当时欧洲大部分人——在今天忏悔，明天犯罪，然后再忏悔的日常生活中，向上帝祈求幸福的文艺复兴人——起伏不定的心态大同小异。

在这个背景下，"神"（Dio）在马基雅维利这里，不得不与希腊罗马人相信的"命运女神"（Fortuna）、占星术士口中的"天"（cielo），一同竞争人类世界的主导权。④ 对于当时的意大利人来说，世界"虽然是由上帝创造的，但是天和命运女神主宰着人间诸事"。马基雅

---

① *Discorsi* 1. proemio，（1）.

② Job 9：1-10：22，*The Interlinear Bible：Hebrew-Greek-English*，edited by Jay Green（Peabody，MA：Hendrickson Publisher，2005）.

③ Lettere，*A Francesco Vettori*，18 marzo 1513.

④ *Dell'ambizione*，25.

维利的想法则远远超越了当时的惯常观念。① 所有的神都会介入人间事务，基督教全知全能的上帝只是众神之一。并且，所有的神都是胜利者的朋友，对失败者则无比残酷。②

马基雅维利的历史观完全冲破了基督教的藩篱。它包含了一种人性的两难挣扎，一方面，接受变幻莫测的"命运女神"安排的、充满玩笑又无法预知的未来；另一方面，又拒绝将自己的一切托付给神。如果说前者让政治家在思想的多样性和激烈对立中重新认识政治的可能性，那么后者就让我们感受到文艺复兴哲学家想要拯救堕入深渊的公民生活的苦恼。他指出："分歧和冲突是不可避免的，如果能够得到很好的制度化，就可以同时带来公民的自由和国家的强大。"他坚信，意大利的解放永远不可能通过萨伏那洛拉那种先知（cantastorie）所高喊的"恢复信仰"来实现。

也许正因为如此，马基雅维利甚至不关心灵魂（anima）的救赎。③ 相比"与上帝交谈"的萨伏那洛拉的说教，马基雅维利宁愿倾听"与精灵相遇"的奴玛（Numa）的谎言。④ 如果有可能的话，就应该为政治目的而利用宗教，如果是为了公民的自由，就没有选择的余地。如果在抉择的瞬间犹豫不决，地狱就等在面前。正如马基雅维利讽刺那位把共和国交给美第奇家族并仓皇逃跑的皮耶罗·索德里尼（Piero Soderini），说这种拥有"可笑灵魂"（anima sciocca）的政治家，在地狱也不会受欢迎。⑤ 对于极富颠覆性的马基雅维利来说，与

---

① Maurizio Viroli, *Il Dio di Machiavelli, e Il Problema Morale Dell'Italia* (Bari: Editori Laterza, 2005), 9.

② Anthony Parel, *The Machiavellian Cosmos* (New Haven: Yale University Press, 1992), 57.

③ Lettere, *A Francesco Vettori*, 16 aprile, 1527.

④ *Discorsi* 1. 11. (10) & (24); Lettere, *A Ricciardo Bechi*, 9 marzo, 1498.

⑤ *Epigrammi* 1. 438.

其愚蠢地忍受时代的苦痛，不如抱着下地狱的决心奋力一搏，也许这样会显得更加善良一些。

三 "可能性"美学中的新政治

马基雅维利梦想着人类通过结合"哲学反思"与"诗的可能性"成为历史主人公的时代能够到来。这看上去像是亚里士多德的精神——把哲学和诗、对永恒的探求和对未来的想象融为一体。① 但是，我们很快就会发现，马基雅维利并没有像亚里士多德那样，希望通过哲学反思来证明"好生活"（eu zen）和"德性"（arete）之间的关系。他既不想让政治家的德性——"审慎"被"节制"这一道德主题禁锢起来，也不想追求永恒的哲学思考。他只不过将亚里士多德对诗人的期望，转移到了政治家的身上。他告诫人们，应该超越经验与现象的束缚，去想象和构思未来。

马基雅维利的忠告主要由两条主线构成。第一，用全新的视角重新审视罗马共和国。当时的知识分子们对罗马共和国的想象是建立在西塞罗的著述之上的。他们所梦想的是早期的罗马共和国，即公民自由与元老院审议形成良性互动，各阶层之间和谐共存。因此，他们更向往贵族支配的、封闭的威尼斯，而非因贵族与人民的政治斗争而陷入混乱的后期罗马共和国。他们虽然羡慕罗马帝国的光荣与和平，但却追求早期罗马共和国小型城邦的梦想。

马基雅维利认为，这些知识分子梦想的罗马共和国是"贪小失大"的产物。一方面，他批判道，知识分子对贵族和权势家族宣传

---

① Aristotle, *Peri Poietikes* 1451b4 – 10.

说，公民自由只会加剧国内的分裂和混乱，使他们露出了自己的真实面目；另一方面，他感叹道，知识分子出于对人民参与政治的习惯性反感，无法认识时代的变化。他指出，如果按照这种趋势发展下去，不要说早期罗马共和国，就连恺撒之类僭主的登场也只能以国家危机的名义予以容忍。马基雅维利的论述就像一个暂停键，试图打住人们从 15 世纪开始的"君主政体"的讨论，让人们对似乎即将消失于 16 世纪的"共和国"又重新燃起了希望。

马基雅维利眼里的罗马共和国是以"分歧"而非"和谐"为基础的。人民擦亮眼睛保持警觉，牵制贵族的专横和权力腐败；贵族则放下他们自己的关系和背景，为获得人民的支持而互相竞争。格拉古兄弟改革暴露出的早期罗马共和国的矛盾表明，以元老院为中心的"贵族"审议需要被更广泛的人民政治参与形成的"民主"审议所取代。此外，人们不仅应该容忍制度内部的分歧，还应该容忍那些可能改变现有制度结构的分歧，政治家应该在人们的分歧和对立中，通过实现人民"不受支配"的消极欲求来实现自己的政治抱负。不仅如此，马基雅维利还展望了"公民自由"与"帝国扩张"之间的关系，这是其他人从来都不敢想象的。

第二，最大限度地发挥那些怀有政治野心的人们的激情。马基雅维利是那个时代修辞学的代表人物。他没有强大的家族背景，年纪轻轻就成为第二秘书厅的秘书长，在索德里尼执掌的共和政府中负责几乎所有外交文书的撰写，在佛罗伦萨获得"神赐文笔"（divina prosa）的评价，这所有的一切都与他的文学才华息息相关。他希望用自己卓越的修辞技巧去说服那些能够为意大利解放而献身的"潜在僭主"。对于当权者，希望他们不要墨守成规，勇敢地开拓新的政治前景；对于未来的领导者，告诉他们只有实现公民自由，才能获得真正的光荣。

在这个过程中，马基雅维利甚至否定了"命运女神"。他认同并享受着政治的可能性与未来的不确定性。但是，他生活在一个，相比顺应潮流（tempi）的狐狸般奸诈，更需要狮子般勇猛的时代。因此，他提出了一个应对方案，就是用最能实现可能性的"勇敢"（audacia）来代替用节制调和过的"德性"（arete）。因为，他认为，上帝赐予的自由意志（libero arbitrio）、"命运"（fortuna）和"德行"（virtù）哪怕得到绝妙的组合，也无法立刻引发行动。马基雅维利比任何人都要清楚，这个时代需要一个不接受意大利的悲剧宿命，用意志压制命运女神的人。

最终，马基雅维利与苏格拉底开启的哲学传统彻底决裂。他将"非支配"作为目标，而非致力于"好生活"；他穿梭于事实与虚构之间，毫无顾忌地使用助长政治野心的修辞，把扩张成帝国的罗马共和国作为政治理想，而非自治城市。这样的试验，不论他是否有意，都发展成为现代人想要克服"自然"（Nature）限制的愿望。并且，他大胆果断地对人类能力无法企及的领域表示漠不关心，结果促成了一种由"生存本能"和"权力欲望"结合而成的人类"激情"的现代解决方案。

尽管如此，我们应该感谢马基雅维利没有把"道德"作为献身于变革的理由。通过萨伏那洛拉的没落，他清楚地知道政治理想与道德要求的结合带来的不是普遍正义的实现，而是持续的恐怖与暴力。因此，他的"权力政治"（Machitpolitik）是以对人性弱点的理解为基础的，他的"结果主义"是以实现"非支配"——而非"支配"——这个消极欲求为尺度的。就好像已经预见到了革命时代和法西斯主义带来的悲剧图景，他试图通过生活叙事，而非政治理念，将自己的想法融入政治中。

四　新的梦想

马基雅维利认为当时佛罗伦萨的绝望状况是"贵族的懒惰"与"民众派的鲁莽"共同造成的。贵族担心"失去自己拥有的东西"，再次陷入没落，而民众派则以"改变一切"的极端思维将人民的生活引向深渊。因此，他首先构想的制度是，通过公民自由制约贵族，让那些试图通过煽动而获得权力的人们的野心无法得逞。

但是，马基雅维利非常清楚，这样的制度构想不可能解决所有问题。同时他也很清楚，如果承认这个观点，就会让当时的知识分子沾染失败主义者（defeatist）的不良习气。因此，他努力给贵族描绘"新的梦想"，给民众派的政客勾画"生活的面貌"。他希望沉迷于自我利益的贵族能够觉醒，为扩大公民自由和领土而奋斗；他希望大众政客（popolari）不要关注那些脱离现实世界的"妄想"，而应关注"我的孩子，我的家人"的日常生活。他确信，只要保守群体能够拥有梦想，进步群体能够着眼现实，就可以创造出把绝望变成希望的机会。

当然，马基雅维利的所有想法并不是都可以根据佛罗伦萨面临的时代要求得以正当化的。特别是，他强调的帝国主义扩张与他倡导的"非支配"之间有着无法消除的紧张关系。他虽然可以就"邪恶导师"的指责进行自我辩护，但是无法回避这样的批评，即他使爱国主义沦落为集体利己主义。虽然一些人关于道德的谈论沦为维持既得利益的修辞，但是在国际关系的残酷现实中，古典共和主义者为了贯彻"非支配"而进行的努力也并非完全无益。

即便如此，人们也没有必要按照现代人的需要歪曲解读马基雅维利的著述。相反，有必要冷静地思考其主张的深意，并从多个角度进行探讨。他对人类欲望的洞察、对政治权力的审美视角、其制度构想中的审慎以及颠覆性的想象力，这一切都应该按照马基雅维利本来呈现的方式来进行探讨。通过这样的过程，人们可以发现，他关于"多数者"的观念、关于帝国的构想，都可以归结为着眼于"非支配"的实现。

虽然笔者才疏学浅，但仍然希望通过这本书，让马基雅维利那些被其各种"面孔"掩盖的政治哲学能够得到更加深入而广泛的讨论。

郭峻赫

2024 年 1 月

中山大学珠海校区

前言：马基雅维利的现代意义

现在的韩国社会，同时经历着政治哲学的贫乏与政治想象力的缺失。之所以出现这种状况，大致有两个原因。首先，人们对于政治现象，习惯先入为主地进行理念的、规范的判断。不但要贴上保守或进步的标签，就连方法上的差异也被认为源自敌对的态度。从一开始就否定政治上的解决方案，希望用民主程序解决所有尖锐的社会矛盾，这一切都束缚了人们的政治能力。正因为如此，现在几乎无人愿意真正去探讨什么样的民主才是恰当可取的这个问题。取而代之的是，在空洞的谈论中，不断刺激对方极端化的情绪，造成相互之间的失落感。

其次，人们的求知欲被"权力哲学"侵蚀。现在的韩国社会，比任何一个社会都更加盲目地追求权力，认为只有权力才能够撬动世界，这种不正常的政治现实主义正在腐蚀人们的微观生活空间。正因为如此，人们陷入追问"究竟是市场的失灵还是个人的无能"这样一种恶性循环，并且渴望获得能够满足他们最高而非最佳要求的权力，这一切都使人们在日常生活中变得更加颓废。与此同时，那些真正能够丰富人们生活的话题却被公众排斥，"没有希望的现实主义"的残酷让公民对知识更加反感。

但是，韩国社会需要解决的问题不单单是对"政治"的过度冷漠、对"权力"的盲目信仰。年轻人背负着不确定的未来踏入无限竞争，普通公民在维持生计的困苦中日夜煎熬，赤贫者在经合组织成员国贫困阶层比例高居第六位的国家中无法达到基本生活条件，这一切都有可能让潜在的阶层矛盾愈演愈烈。同时，世界秩序正在围绕东亚重组，这让支撑近现代世界的所有秩序与思想都错综复杂地缠绕在一起，预示着世界格局可能要发生变动。

尼科洛·马基雅维利（Niccolò Machiavelli，1469—1527）所处的佛罗伦萨也面临着类似的情况。佛罗伦萨曾经是一个充满活力的城市，但是随着美第奇家族的回归而失去了生命力，几乎陷入绝望而不能自拔。自命不凡的人文主义者用道德空谈与宗教皈依来逃避现实，备受挫折的共和主义者被粗浅的权力论所蛊惑，大肆颂扬威胁公民自由的帝王式君主统治。也许，他们强调公民的反复无常和强国的威胁紧迫，是想以此来隐藏自己的胆怯。不管怎样，人们无法期待这些只关心自己安危、不知道新制度必要性的人，去争取恢复公民自由。

在这样一个混乱的时期，被逐出政坛的马基雅维利在圣安德里亚简陋的小山庄里开始了写作。最初，他并不想过一种与世隔绝的农耕生活。对于马基雅维利这样一个赫西俄德式的人来说，被"政治"排除在外绝非愉快的休闲时光。也许正因为如此，马基雅维利决心拿起笔来，把过去十四年公职生涯中的所思所想写下来。当自己的经历与自己设想的制度无法用现有的思维框架进行说明的时候，他不再执着于所面临的问题和表象，而是踏上了探寻问题根源的旅程。就像一个探险者，走上了一条"前人未经之路"，迈向了一个充满不确定性的未知世界。①

也许，我们现在需要的就是马基雅维利式的勇气。自发地摆脱熟悉的思维方式，真诚地自我反思，谨慎地重新解释，没有这些行动，就无法阻止问题直接牵涉的利益关系压制该问题所反映出的迫切社会经济需求。为了在不确定的未来创造人们幸福生活的条件，需要不断进行政治试验，设计出尚未得到验证的新制度，承担失败的风险，愿意为这项事业而献身的精神。当然，我们不能要求所有人都这样去做。

一 分歧的美学

在政治思想史上，马基雅维利是第一个赋予"分歧"积极意义的哲学家。在马基雅维利之前，"分歧"也是政治思想史上的重要课题，但是一直作为需要被解决的"问题"出现，从未以解决问题的"方法"示人。不仅是经历了雅典民主政体倒行逆施的柏拉图，就连主张情感不是非理性的冲动，而是有助于理性判断的亚里士多德，都认为"和谐"或"同心"（homonoia）是最重要的。这种传统在以"牵制"与"均衡"为政治制度运行原则的罗马共和国时期，也得到了延续。就像我们在西塞罗那里看到的，政治斗争和战争都是第二选择，"神

---

① *Discorsi*, 1. pro. （1）. 本书参考的《君主论》是：Niccolò Machiavelli, *Il Principe*, Giorgio Inglese, Federico Chabod（Torino：Giulio Einaudi editore, 1995）；《李维史论》是：Niccolò Machiavelli, *Discorsi sopra la prima deca di Tito Livio*, Gennaro Sasso, Giorgio Inglese（Milano：Rizzoli Editore, 1996）；其他参考文献有：Niccolò Machiavelli, *Opere di Niccolò Machiavelli*, Rinaldo Rinaldi, Vol. 1 –4（Torino：Unione Tipografico-Editrice Torinese, 1995）。具体引用时标记《君主论》的章数与段落号，《李维史论》标记卷数、章数、段落号，《佛罗伦萨史》标记卷数、章数、Rinaldi 的页数。译者注：《君主论》《李维史论》等马基雅维利著作译文系参考《马基雅维利全集》（吉林出版集团有限责任公司，2013 年）和原著韩语译文翻译而成。

与自然法结合"的"和谐"（concordia）才是第一选择。① 虽然人们经常从萨卢斯特（Sallustius）那里寻找对"分歧"的正面看法，但他所说的无非"面对外敌的恐惧"（metus hostilis）能带来内部团结。②

与之相反，马基雅维利主张从积极的层面看待"分歧"。他毫不迟疑地指出："分歧是不可避免的，如果能够有效地进行制度化，那就会非常有益于共同体。"他还反复强调，人民为了维护自己的自由，会提高警惕时刻监督贵族，并通过分歧来牵制贵族。对于在16世纪经历了内部分裂、外敌入侵、朋党争斗、绝望对峙的佛罗伦萨来说，这些提法实在有些荒谬。在那个时代，人们认为，罗马共和国哪怕将贵族与人民的分歧进行制度化了，也仍然是一个乱糟糟的、吵闹的国家。当时的人们都偏爱死气沉沉、安静的威尼斯。在这个时候说出"分歧是美的"这句话，甚至会让人们怀疑他的政治判断力。即便如此，他还是斥责当时那些强调"秩序"的政治领导者和知识分子，认为他们陷入了随波逐流的误区，只剩下"充满野心的懒惰"（ambizioso ozio）。

当然，马基雅维利并不认为所有的"分歧"都是美的，也不是说"有节制的、谨慎的"分歧才是有益的，更不是说"在法律约束之下"的分歧才是美的。他的"分歧"包含了愤怒、对立，甚至在制度架构内无法控制的"骚乱"（tumulto）。不仅包括在罗马共和国时期，人民为了对抗贵族、拒服兵役而离开市场到神殿的集合示威（secessio），还包括1378年城市贫民与底层劳动者参与的梳毛工起义（Ii

① Cicero, *De Re Publica*, in *De Re Publica & De Legibus*, trans. Clinton Walker Keyes (Cambridge, MA: Harvard University Prses, 2000 [1928]), 1. 51.
② Sallust, *Bellum Catilinae*, in *Sallust*, trans. John C. Rolfe (New York: G. P. Putnam's Sons, 1921), 10. 6.

Tumulto dei Ciompi）。如果他只是讨论当时法律范围内的有限分歧，就无法说明罗马共和国如何通过"分歧"创造出新的"法律"与"制度"。① 同时，也没有必要去考虑分歧为什么会给佛罗伦萨带来崩溃，却为罗马共和国创造了新的法律和制度。②

人们经常把马基雅维利对"多数者"或"人民"的批判观点称作"精英主义"，或者以元老院为中心的"贵族共和主义"。他们或者用"没有领导者的群众是无益的"③ 等说法将他的主张简单化，或者说马基雅维利同西塞罗一样，构想了以元老院为中心的贵族共和国。就算这些观点的论据没有错误，但是前者也进行了过分简单化的处理，而后者则是一种保守的先入之见。

为了避免这样的错误，应该在两个层面上理解马基雅维利关于分歧的思考。首先，社会心理层面的分歧。关于哪些分歧是美的，哪些分歧是有问题的，马基雅维利有明确的判断标准。也就是说，在没有大骚乱的情况下，能够通过新的法律或妥协解决的分歧就是有益的，但这并不是从结果论的角度来说明分歧的好坏。下文将会详述，马基雅维利如何根据引发分歧的动机和原因来做出自己的判断，这与结果全然无关。其次，政治制度层面的分歧。关于"分歧"应该如何得到调解，如何进行制度化，以及"分歧"应该在何种境况或条件下得到调解，马基雅维利有明确的构想。他强调政治领导者在调解分歧方面的作用，以及能够加强分歧正向功能的制度机制。马基雅维利不仅关注分歧产生的可能性，还强调了通过分歧将变化进行制度化的意愿。

本书第四章从多个层面上考察了马基雅维利如何进行"分歧制度

---

① *Discorsi*, 1.3 & 1.4.
② *Istorie Fiorentine*, 5.1.
③ *Discorsi*, 1.44.（T）.

化"。在第一节中，主要说明马基雅维利的认识论前提如何应用在制度层面上，在他提出的制度设想中，主要政治行为主体以何种方式通过分歧创造制度。如后文所述，马基雅维利深知，引发分歧的判断与其说存在于"理性"（logos）领域，不如说存在于需要节制与规训的"意见"（doxa）领域。同时，他也没有忽视这些信念与意见引发的"意气"（thumos）所具有的社会功能。他特别关注的是，那些拥有常识的"多数者"（hoi polloi）为对抗专制统治、摆脱从属的奴役状况而发起的行为，以及这种行为所引发的分歧通过何种过程最终能够创造出新的制度。就前者而言，问题在于古希腊护卫者或士兵阶层特有的勇敢如何扩大为多数公民的正义感；就后者而言，问题在于政治领导者的作用在这种认识论的转换过程中，需要做出何种修正。

二 非支配政治

马基雅维利的"非支配"虽然是"解放的"，但不是"无政府的"。他关注的是"不受支配的欲求"中产生的分歧，并把这种分歧带来的变化视为"从压抑中获得的解放"。他并没有主张在现有政治制度中消极地接受变化，而是将不断出现的变化所要求的，积极地转变为达成协议的制度化路径。他虽然认为所有形式的控制都具有压迫性，但却与那种在无定形的、无穷变化的"自我颠覆"（self-subverting）中寻找民主主义精神的主张，保持着距离。

需要承认的是，马基雅维利之所以相信"通过分歧实现变化"，来自他对"政治可能性"和"制度不确定性"的认可。但是，我们也应看到，他并没有在"无限的解放"中寻找人民或者多数人的幸福。他认为，永不停歇的革命旋涡，对少数人卓越才能的"自发从属"，由支配欲而引起的"倒退"解放，这些都与实现非支配具有本质上的区别。

马基雅维利的这种考虑也体现在他对"非支配"的定义中。众所周知，他把人们的政治倾向或气质（umore）区分为"支配的欲求"和"不受支配的欲求"。这里，他并没有从阶层或阶级的角度来看待这种"倾向"或"气质"。无论是富人还是穷人，贵族还是人民，都会产生"支配的欲求"。因此，他认为，无论拥有何种社会地位，只要处于相对的弱势，作为相对的弱者就会产生"不受支配的欲求"。并且，这两种倾向或气质还可能相互转换。① 简而言之，他把"不受支配的消极欲求"界定为大多数人民的"气质"，有着特殊的修辞意图。

> 每一个城市里都可以找到两种不同的气质（umori），［这些气质］产生于此：人民不愿意被贵族命令与支配，而贵族则欲求命令与支配人民。出于这两种相反的欲望，城市里就会产生下述三种结果之一，君主权（principato），自由（libertà），或放纵（licenza）。
>
> ——《君主论》第九章

首先，应该看到，他所使用的"自由"（libertà）一词，指的是罗马共和国中"非奴隶的公民"所拥有的社会政治地位。换句话说，"非支配"意味着公民享有的一种独立的、不受他人恣意支配的境况（condition）。其次，还应注意到，马基雅维利将"自由"与"放纵"

---

① *Discorsi*, 1. 46.

严格区分开来。他区分了"命令"（comandare）和"支配"（opprimere）这两个动词。后者等同于奴隶制，而前者并不与共和国建立后的公民自由相冲突。对他来说，"非支配"就是"共和国"的特征，实现"非支配"就是构建"共和国"。

按照这个思路，马基雅维利的"非支配"就与"无政府"区分了开来，并表达了前者优于后者的政治观念。虽然修辞中时有矛盾，但他还是努力把"非支配欲求"理解成受压迫者的愿望，理解成远离政治权力的多数者的气质。就算人民也会表现出"支配欲"，他还是否认在非支配得到保证的共和国中会出现这种情况。因此，他将建设共和国与实现"不受支配的欲求"联系起来，同时警告说，在共和国建立以后，无休止的解放感会发展成放纵。对于马基雅维利来说，通过"分歧"构成"共和国"的内容虽然是不确定的，但是将非支配自由作为社会政治境况加以制度化，这个方向是明确的。本书的第五章从"非支配"的角度，重新审视了马基雅维利关注的领导力（leadership）问题。大多数公民"不受支配的欲求"这个属性是消极的，实现它的能力和智慧属于领导力的范畴，这正是马基雅维利对未来政治领导者提出的要求。因此，马基雅维利关于"欺骗"的忠告与他对于"多数人"的信念并不冲突。也正是因为这一点，马基雅维利的政治现实主义在民主制普遍推行的今天仍然富有意义。通过本书的写作，笔者希望说明，"非支配"，而不是支配，才应该成为公民的政治目标。如果政治集团从实现"非支配"的角度，而不是站在"支配"与"被支配"二元对立的视角，去看待表达意见、获得同意的过程，那么以"公民牵制"为基础的制度化变革，而非以"力量论"为基础的悲观现实主义，将会让我们的政治生活变得更加丰富多彩。

三 宗派与朋党

调节分歧和冲突，需要一个多样性得到尊重、相互信任得到保证的对话平台。在认识论上至少需要实现三种转换，来满足实现对话的先决条件。

首先是苏格拉底式的怀疑主义（Socratic Skepticism），认为一切都值得怀疑，但是真理的存在却是不容置疑的。一般来说，苏格拉底式的怀疑主义与相对主义是有区别的。虽然苏格拉底式的怀疑主义在怀疑一切这一点上与相对主义类似，但却拒绝认同只要得到多数人的支持就可以成为真理这种意见（doxai），并且努力去寻找与大众意愿无关的真正真理。此时，"疑难"（aporia）与其说是致命的论证缺陷或论辩失败，不如说是一种自觉认识，认识到人类自身具有无法知晓一切的缺陷，这种自我认识让人们能够拥有认真倾听对方意见的积极态度，以及超越人类自身极限去追求真理的哲学反思。这里不存在那些不言自明的绝对原则，不存在任意裁剪真理，或者通过理性进行傲慢地灌输。同时，因为没有先验的存在，人们在一片空白的状态中，通过同意来形成真理，这无可指摘。其中暗含的共识是，只有以真诚反思与开放对话为基础的决策制定，才是消除冲突的方式。

其次是多样性（diversity），这是集体理性的社会政治条件或境况（condition）。亚里士多德列举了多数大众（hoi polloi）能做出比少数好人（spoudaios）更好决定的条件。① 这个过程不是个体与个体的交

---

① Aristotle, *Politics*, trans. H. Rackham（Cambridge, MA：Harvard University Press, 1932）, 3. 1281a42 – b10.

流沟通，而是"所有人一起"进行审议，需要确保能够自由发言的条件，确保多样性。特别是，亚里士多德将"多样性"作为正确的集体理性得以形成的重要前提条件。比如说，如果受邀参加聚会（sumphorēta）的人们带来的都是同样的菜肴，不论是带来的人，还是享用的人，都无法在这个宴会上得到满足。无目的的竞争，无意义的努力，会使人们的参与热情备受挫折，最终会形成这样的公众意见，即将所有事情交给一位技艺精湛的厨师，不仅更有效率，也是更优的选择。

最后是关于批评容易产生创伤的政治思考。在西方古代政治哲学中，为培养个人德性而提及的"羞耻心"（aidōs），或者以这个羞耻心为媒介的"教育"（paideia），与那种烙印般的"耻辱"（aischunē）是区别开来的。前者可以接受，是因为它能够在保证对方自主性的前提下，通过"无知之知"引发羞耻心，进而促进个体的自我发展。相反，后者是被禁止的，因为它通过关系孤立、社会排斥，使人类尊严遭到严重损害。同样，西方古典理论家要求尊重那些经受羞耻的人们的尊严和自主判断，并警告称，社会关系中的"隔离""疏远"带来的恐惧（phobos），以及这种恐惧带来的痛苦，可能会束缚个人的判断力。因此，人们把在公共场合使用羞耻心视作非常危险的行为。因为，在公共场合使用羞耻心时，会压缩公众发挥同类意识——他们自己也会犯同样的错误、处于同样的位置——的空间。

马基雅维利叹息道，他的祖国佛罗伦萨没有能够创造这种环境。他曾经反复强调"分歧是美的"，但是佛罗伦萨发生的"绝望对峙并不美丽"。① 这时，他从佛罗伦萨历史中揭示出一个问题，即"宗派"

---

① *Istorie Fiorentine*, 3.1.

（setta）冲突——"所有人都自称代表神的声音进行斗争。"据他介绍，在罗马共和国发生的贵族与人民之间的激烈冲突是所谓的"朋党"（parte）和"分裂"（divisione）。冲突产生于个人或团体在利益和观念方面的差异，以及进一步保障自身利益的需要。另外，佛罗伦萨的分歧是围绕对与错而展开的斗争，也就是说，被证明是错误的一方就要屈服于另一方。他感叹道，差异不被承认，共存无法实现，对话与说服沦落为宣传与教化的工具，这所有的一切都已成为典型的宗派冲突。

因此，马基雅维利眼中的佛罗伦萨历史，已经从"朋党分裂"演变为"宗派冲突"。从 1434 年罗马教皇干涉佛罗伦萨，到萨伏那洛拉（Savonarola）以上帝的名义进行改革而激化宗派冲突，再到美第奇家族教皇的登场，他都理解为特定宗派的得势造成的。罗马共和国的人们在对立最严重的时期也没有利用外敌来铲除政敌，但是这在佛罗伦萨却成为生存的法则，这就把罗马共和国的对立与佛罗伦萨的分裂严格区分开来。他指出，佛罗伦萨的"分裂带来宗派，宗派带来毁灭"（dalla divione alle sètte，dale sètte alla rovina）①。所有人都成为神的国家，所有人都把自己当成神进行判断的国家，对于这样一个国家的政治，马基雅维利毫不掩饰自己的失望。

通常而言，人们围绕公共善产生的冲突，不可避免会从个别问题转变为一般问题。很难从现象上区分朋党分裂和宗派冲突，也不可能期待进行一场"愉快的谈话"（sermo），将政治议题纷争（agon）中所有可能引发激烈冲突的议题都排除在外。另外，防止朋党分歧发展成宗派对峙这样的想法，反而可能成为民主审议的障碍。即便如此，

---

① *Discorsi*，1.8.（18）.

马基雅维利有关"宗派"冲突的忠告在民主制普遍化的今天依然有着实际意义。与"知道一切"的封闭相比,"怀疑一切"则拥有开放的心态,认识到对于同一事物或同一现象,不应只有一种标准,而是可以运用多种标准来理解,相比过去,人们更加需要的是那种创造——而非破坏——共存可能性的领导力。

四 警戒与偏见

最近,人们对"民主主义"的不满在全球范围内与日俱增。一方面,在世界各地都可以看到那些占领政府部门或公共场所的人们,试图在制度框架之外发出自己的声音;另一方面,人们只对充满战斗精神的活动家、互联网媒体产出的焦点话题表现出间歇性的关注。这两种现象似乎是矛盾的,但又体现了相同的政治态度,表达了人们对受困于现有制度的民主主义的不满。因此,有人认为,为适应这种通过多种形式爆发出来的大众需求,应该考虑新型的民主形式;还有人认为,现在正是需要加强制度化管理的时候,来防止即兴组织的集体行动带来的危险与混乱。

人们还经历着绝望"对峙"(deinon)带来的"无政治的民主主义"。所有人都知道,好的判断需要收集各种意见。但无论是谁,都不愿意放弃政治的计算,也不愿意忍受暂时的损失。大众政府对于他们被委任的权限不能接受任何形式的反对,大众政党遵循选民的意愿只是为了政治连任,大众运动沉迷于理念式的道德准则,将公民的正义感消耗在毫无必要的地方,他们都没有意识到,规范价值引起的分歧需要政治判断。虽然有民主程序,但没有民主政治;虽然有统治,但没有民主的内容;虽然渴望变化,但缺乏运动中必须具备的审慎。

这样，每当民主面临危机的时候，一方面有人怀疑集体理性，另一方面有人期待新领导者。也许有人认为，前者是反民主的，后者是民主的。但是，这两种现象犹如硬币的两面。对集体理性的怀疑，促使人们将自己的未来托付给某个卓越的团体或个人的判断；对新领导者的期待，无论他代表什么，在决策过程中依靠的都不是多数公民，而是一个人的判断。实际上，从维持与改善民主的角度来看，前者和后者一样危险。就像雅典民主制的十名军事领导者（strategoi），他们不是通过抽签，而是通过选举产生的，对集体理性的怀疑会导致人们受困于"代表性"的政治原则。但是，人们对新领导者的过度期待，会关闭通过民主审议使变革制度化的大门。因为，把所有人的未来都寄希望于"一个人"，这个立场就隐藏着回避或忽略民主审议的意图。

在这个问题上，马基雅维利几乎没有使用过"革命"（rivoluzione）一词。就像健康的公民不应把"意气"（thumos）消耗在毫无必要的地方一样，马基雅维利在《李维史论》中阐述罗马共和国的建设与维持，从来没有使用过这个词。他毫不犹豫地戏谑自己悲剧性的处境，却一直对"革命"保持沉默。取而代之的是，对"不受支配的欲求"引发的"骚动"（accidente），杀害僭主的"阴谋"（congiura）进行的冗长解释。正如马基雅维利所述，革命会通过无数不可预知的道路和偶然性，使"不受支配的欲求"蜕变为"支配的欲求"，所以他希望领导者能够引导革命性的对峙，将其转变为各阶层之间的共存。

同时，马基雅维利并没有批判那些执着于"不受支配的欲求"的人们。① 在说明罗马共和国的没落时，他批判了当时的领导者向人民灌输了"支配"的理念，而不是"非支配"。他认为，当"多数人"

---

① *Discorsi*, 1.37.

梦想非支配的时候，公民自由就能够得到保证；当"少数人"为非支配努力的时候，政治共同体就能够健康运作。这里，没有"寡头统治铁律"的偏见。只有一种冷酷无情的政治现实主义，洞察到人类社会混杂着欲望和错误。并且，"多数人"参与政治的最终目的应该是"不受支配"，当"多数人"梦想着支配的时候，"多数人"可能已经蒙蔽在"少数人"的煽动与野心之中了。

我们知道，马基雅维利有无数面孔。从装扮成恶魔的谋士，到为祖国未来担忧的爱国者，他的面孔以各种形象烙印在我们的脑海中。也许正因为如此，很多时候我们忽略了他的身体。尚未弄清他说了什么，就被他的修辞术掩盖了他要说的内容；尚未理解他的立场，就被卷入了时代的潮流；尚未考察这些话的含义，就被偏见束缚住了手脚。在通过马基雅维利的著作来认识马基雅维利之前，人们已经强化了他们的先入之见。权力政治、人类本性、现实主义、理想主义、共和主义、自由主义、民主主义、帝国主义等等，这些固有的观念都通过马基雅维利披上了政治现实主义的新装。

撇开人们熟悉的这些面孔，本书可以视为一尊马基雅维利的"躯干像"（torso）。笔者希望通过本书，揭示马基雅维利一直被掩盖在偏见底下的真实想法。希望通过马基雅维利这一观察者的视角和审慎，使得人们因当前问题而进行的激情运动能够逐步回归生活世界，并制定相关制度，避免社会矛盾从一开始就否定理性反思和意见的多样性。自由主义者应更多考虑自由生活得以可能的社会政治境况，而不是自由选择；共和主义者应像要求公民团结一样，更多重视个人自主性；激进主义者应在程序中寻找答案，而非革命；保守主义者应在改变中寻找希望，而不是维持现状。通过马基雅维利，希望这种逆向思维能在我们的政治生活中扎下根来。

第一章　马基雅维利的躯干像

既然我的意图是写一些对理解它的人有用的东西（cosa che
sia utile a chi la intende），那么我觉得最好是论述事情的实际真相
（la verità effettuale），而不是对事情的想象。许多人曾经想象过的
共和国或君主国，从来没有人见过，也不知是否真的存在。因为
人们如何生活与人们应该如何生活有着天壤之别，所以如果某人
无视实际发生的事情，而只想着应该发生什么，那么他学到的将
是毁灭，而非（自我）保存。

——《君主论》第十五章

关于人类，可以笼统地做一评价：世人皆忘恩负义、见异思
迁，一个个都是装模作样的伪君子，避害趋利惟恐不及。

——《君主论》第十七章

正如所有那些探讨共和国体制的人表明的，正如所有充满这
种事例的历史表明的，创建共和国并于其中制定法律的人，有必
要假设（presupporre）所有的人都是邪恶的，无论何时，只要他

们有自由的机会，就总是要利用他们灵魂中的恶（la malignità dello animo）。

——《李维史论》第一卷第三章

因此，据说饥饿和贫困使人勤奋，法律（le leggi）使人良善。

——《李维史论》第一卷第三章

众所周知，马基雅维利是一名"政治现实主义者"。但是，他的政治哲学所标榜的"政治现实主义"究竟意味着什么？人们对此没有共识。有人认为，他的政治建议基于他的实际经历，他对权力具有非凡的洞察力，他的著作赤裸裸地记载了基于人类自私本性的支配与被支配的权力关系。十四年的公职生活，对暴力的有效运用，动物式的生存本能，对宗教的政治利用，政治与道德的对立，国家理性，相互制衡的制度设计，这些都是解释马基雅维利政治现实主义的基础。

事实上，马基雅维利的"政治现实主义"既不精致，也不丰富。既不像柏拉图对"爱欲"（eros）进行哲学上的反思，也不像亚里士多德对情感进行修辞学上的解释，更不像奥古斯丁对支配欲和自私心理进行心理学上的分析。马基雅维利从一开始就没有试图进行形而上的反思，他对人类邪恶本性的说明不过是一般性的综合议论，对冲突的政治心理分析也不过是建立在"支配的欲求"与"不受支配的欲求"的简单二分法之上。

尽管如此，马基雅维利之所以代表"政治现实主义"，主要是因为他的政治哲学具有以下三个方面的独特特征。

第一，马基雅维利在没有区分国际"战争"与国内"政争"的

前提下，对"权力政治"提出了全新理解。人们往往将马基雅维利的
"权力政治"（Machtpolitik）理解为国际秩序的冷酷叙事。但是，这种
为国家利益追求"力量"与"权力"的冷酷叙事，并非马基雅维利
一人所为。正如最初修昔底德在其历史著作中所述，国家为了消除无
政府国际关系中的不确定性，不得不首先寻求增强自身的"力量"，
这种主张与人类历史一样久远。① 事实上，马基雅维利的"新奇"在
于将军事概念运用于国内政治，并且不再试图去控制人类对"力量"
与"权力"的自私欲望，反而表现出鼓励的态度。众所周知，他提出
杀戮和暴力的建议，用"光荣"袒护无止境的权力追求，他的历史观
认为人类的极限能够通过"力量"来实现突破。也就是说，他的
"权力政治"是对一种全新形式的"力量"的反思，这种"力量"建
立在人类的自私欲望上，适用于国内、国外的所有政治领域。他不再
期望通过神，而是借助人类的"力量"，把意大利从绝望中拯救出来，
表明人们对救赎史内容的期望发生了全新的改变。②

　　第二，"结果主义"。人们往往将马基雅维利的结果主义解释为
"目的使手段合理化"。但是，马基雅维利从未说过这样的话。虽然这
句话脍炙人口，但《君主论》《李维史论》中却难觅其踪迹。他只不
过告诫君主与共和国领袖，"治国必先考虑结果"③。这里，他所提及
的"结果"（fine）既不是"多数者的支持"，也不是"君主的满意"。
也就是说，这并不是"一切手段"与"预期结果"之间的关系。他

---

①　Thucydides, *History of the Peloponnesian War*, trans. Rex Warner（New York：Penguin，1972），5. 87 & 5. 101.

②　Leo Strauss, *City and Man*（Chicago：University of Chicago Press，1964），3 – 4；Eric Voegelin, *Modern without Restraint*, edited by Hanfred Henningsen（Columbia：University of Missouri Press，2000），175 – 195.

③　*Principe*, 18.（17）；*Discorsi* 3. 3.（11）．

在这里所说的"结果"指的是"多数人的安全"。也就是说，君主为了"维持国家"（mantenere lo stato），共和国领袖为了维护公民自由，必须将多数人的"普遍安全"（la sicurtà universale）设为国家首要大事。在这个思路下，马基雅维利拒绝那种道德要求，即某些绝对价值或特定行为模式应该限定政治行动。如果共同体成员分享某种共同价值，那么实现"多数人的安全"或"非支配自由"才是现实任务，而不是"应该成为什么样的人"的理想主义。因此，相比"道德"与"政治"的一般性评价，马基雅维利的结果主义需要进行更深刻的政治反思和更复杂的修辞学解释。

第三，马基雅维利的共和主义具有民粹主义和帝国主义的特征。14 世纪知识分子群体对君主制的好感，1512 年美第奇家族回归后共和派的没落，这些都没能摧垮马基雅维利对共和国的信心。甚至《君主论》中提到"自由"（libertà），也是试图说明共和政体优于君主政体。《李维史论》中也充满了"政治生活"（vivere politico）、"公共力量"（forze publiche）、"公共善"（bene comune）等共和主义词汇。尽管如此，马基雅维利还是在"统治术"（arcana imperii）的框架内，毫不犹豫地提出与古典共和主义者不同的见解。古典共和主义中的"和谐"（homonoia）被替换成"分歧的美学"，其关于"自治"（autarkeia）足以实现共同体安全的忠告，也在马基雅维利"扩张"不可避免的论点中失去说服力。并且，马基雅维利认为，"人民的政治参与"是不可避免的时代要求，"人民"作为一个集体，是筑造庞大帝国最重要的政治"力量"。此时，政治家虽然作为"调解者"（gubernator）发挥作用，但是公民的"民主审议"取代了元老院的"贵族审议"。通过这个论证过程，马基雅维利小心翼翼地打开了古典共和主义紧闭的门闩。

　　本书第一章是马基雅维利"躯干像"（torso）的躯干。由于马基雅维利具有上述三个面孔，这里就从这三个角度来归纳马基雅维利尚未被人们注意到的思想。这样就可以提供一个认识论基础，使马基雅维利的众多侧面能够被整合起来。当然，人们对马基雅维利的政治思想有多种解释。一方面，有人认为其思想具有一种无法用"科学"概括的哲学反思；另一方面，有人认为其思想包含着一种不能完全用"力量"解决问题的政治可能性。但是，这些解释并非全无问题。正如后文所述，马基雅维利著述中具有他自己独特的政治理想与制度构想，使用修辞手法也无法将其掩盖。因此，任何解释都无法掩盖马基雅维利一腔热情中的共和主义梦想。希望通过第一章的三个主题，我们能发现这位"梦想非支配的现实主义者"所拥有的一双真诚而又冷峻的慧眼。

一　权力政治

　　获取领土的欲望确实是很自然的人之常情。人们在他们的能力允许的范围内这样做时，总会为此受到赞扬而不会受到非难。但是，如果他们的能力有所不及，却千方百计硬是要这样干的话，那么，这就是错误而且要受到非难。

——《君主论》第三章

　　在决定祖国存亡的关头，根本不容考虑是正义还是不正义的，是怜悯还是残酷的，是值得称颂还是可耻的；相反，他应该抛开其他所有的顾虑，把那个能够挽救国家生命并维护其自由的策略遵循到底。

——《李维史论》第三卷第四十一章

　　首先是屋大维，然后是提比略，更多地考虑自己的权力而非公共利益，从而开始解除罗马人民的武装，以便能更容易地统率他们，并且持续地将军队驻扎于帝国的边境。

——《用兵之道》第一卷第八十七节

新的时代

　　1494 年，法国查理八世入侵意大利，对于以"自治"和"文明"著称的意大利城市国家来说，无疑是一个巨大的冲击。首先，这次军事行动意味着欧洲大陆的个别国家试图摆脱罗马教会的精神枷锁，开始独自行动。当然，这种变化的端倪，从 13 世纪末十字军东征无功而返就逐步显露出来，到 14 世纪初，罗马教廷更是屈服于世俗权力而迁移到法国阿维尼翁。即便如此，基督教仍然像一根强大的绳索将欧洲各国联系在一起，罗马教会仍然拥有不可否认的精神力量。但是，查理八世进攻意大利的行为，则让人们意识到基督教的纽带作用正在逐渐消失。这个象征性的事件标志着，基督教价值观和世俗政治势力再也不能通过教皇的宗教权威整合在一起了。

　　同时，查理八世进攻意大利也象征着一个时代的开端，即封建诸侯的横向关系正式结束，国王开始直接统治广阔领土。很多封建领主在十字军东征时期战死沙场，失去领主的大部分土地就直接归到国王名下。但是，这些不过是序幕，宣告了日后以国王为中心的垂直关系，也就是"绝对王制时代"的到来。从英法"百年战争"（1337—1453）可以看出，14 世纪开始，血缘纽带与封建联结在国王的领土内迅速瓦解。英国在"玫瑰战争"（1455—1485）后建立了都铎王朝，法国在 1469 年路易十一世治下确立了绝对王制。西班牙因为阿拉贡的费尔南多二世与卡斯蒂利亚的伊莎贝尔二世联姻而得到统一，在 1492 年征服格拉纳达后成为新的欧洲强国。马基雅维利在《君主论》中所说的"维持国家"，是君主的最大目标，也是事关国家存亡的问题。

这些变化意味着意大利半岛再也不能依靠传统方式维持和平。实际上，人们很早就从罗马教皇的政治行动与神圣罗马帝国皇帝的软弱无力中感受到了这个变化。从 14 世纪开始，罗马教皇就为了生存而不得不与意大利其他城市相争，有时是威尼斯，有时是那不勒斯，为了保护自己重复着结盟与背叛的行为。当神圣罗马帝国再也不能维持哪怕表面上的权威时，这种情形就开始进一步恶化。也就是说，意大利半岛从 14 世纪开始就陡然转变为城市国家争夺生存空间的战场，这些城市国家之间的和平完全仰赖于各国之间的"势力均衡"。

但是，当欧洲强国开始垂涎意大利的丰饶与繁荣时，"势力均衡"就无法继续发挥作用了。严格来说，除了威尼斯，意大利其他城市国家都不拥有能够自我防御的军事力量。虽然通过商业活动积累了大量财富，但却没有能与强国抗衡的常备军或民兵队。因此，意大利的城市国家都竭尽全力，试图通过"外交"手段来解决各种纷争。一旦战争爆发，往往只能眼看着溃逃的雇佣兵而举手投降。总而言之，1492年洛伦佐·美第奇（Lorenzo de Medici）的去世，意味着依靠势力均衡来维持意大利和平的时代已经画上了句号。洛伦佐用自己的尊贵身份与政治手腕联合那不勒斯和米兰，牵制威尼斯和罗马教皇的时代已经一去不复返。

力量美学

在这个时代背景下，马基雅维利开始关注"力量"（forza）的概念。在他之前和之后的很多思想家都曾关注过"力量"与"权力"。但马基雅维利却是第一个坚信"力量"与"公民自由"（liberà）并不冲突的政治哲学家。佛罗伦萨曾经通过势力均衡成为意大利的盟主，却难逃衰落的命运；意大利曾经拥有卓越文明和巨额财富，却只能沦为强国的盘中餐。马基雅维利相信，在洞察"力量"的基础上，通过制度构想与战略实践完全可以解决这些问题。他还向当时的统治阶层和知识分子提出了他们闻所未闻的建议，告诫那些醉心于"外交"的意大利君主们，要通过"力量"来争取和平，并告诫那些相信雇佣军的贵族们，要把"人民"武装起来。他主张放弃那些从没落的拜占庭帝国学来的"外交"手段，嘲笑隐藏在威尼斯"稳定"局面背后的专横贵族，他希望回到罗马共和国，依靠公民力量战胜周围强大的敌人。

经常有人用"暴力经济学"（the economy of violence）一词，将马基雅维利对"力量"的洞察进行简单化处理。如果这个说法强调的是为实现政治目的而有限地使用暴力，那么它关于马基雅维利对"力量"的洞察也只不过说对了一半。持这种说法的学者承认，马基雅维利将"暴力"视为政治的本质特征，是"力量"（potenza）在政治可能性中的赤裸暴露。① 另外，即使政治行动者在没有实施暴力的情况下贯彻了他的意志，也可以说是实施了"力量"的结果，只要它使另一方的判断和行动发生潜在或现实的变化。换句话说，对于马基雅维利而言，"暴力"并不是在不得已情况下的最后选择，而是最根本、最原初的政治行为，是决定政治关系内容的"力量"的极端表现。

① Sheldon Wolin, *Politics and Vision* (Princeton, N. J. : Princeton University Press, 2004), 198.

问题是，马基雅维利关注"力量"的原因。他并不打算旧调重弹，说明政治最终取决于"力量"。他认为首先有必要建立一个新型国家，来应对 1494 年查理八世进攻意大利带来的欧洲局势变化。1494 年，查理八世远征那不勒斯期间，美第奇家族遭到流放，从而使长期以来消失于佛罗伦萨政治舞台的共和主义重新复活。美第奇家族对权力的垄断，知识分子对君主政体的拥护，这一切都发生了翻天覆地的变化。但是，在萨伏那洛拉的领导下，共和派甚至让支持共和国的人们都丧失了信心。不仅如此，佛罗伦萨的共和派自身也陷入了无休止的分裂与对立。当所有人都沉迷于国内政治，构想权力分配和制度架构的时候，马基雅维利看到的却是冷酷的国际关系形势，如果没有一支强大的军事力量，即便是拥有"自治"与卓越"文明"的国家，也无法逃脱灭亡的命运。同时，马基雅维利开始梦想一个为佛罗伦萨带来独立与繁荣的"新秩序"（nuovi ordini）。

力量之目的

在上述背景下，马基雅维利开始关注罗马共和国的"力量"。他从多个角度阐明，罗马共和国主要依靠"力量"来处理对外关系，而非"外交"或"协商"。他夸张地叙述了罗马人的经验，指出他们虽然最初没有使用"暴力"，但为了贯彻自己的意志，最终不得不将敌人完全毁灭[1]；他称颂罗马共和国的帝国主义态度——像暴君一样支配统治周边国家——为"伟大"（grandezza）[2]；他指出，罗马通过开放政策吸引大量人口，从而确保各种劳动力[3]，通过"力量"营造有

---

[1]　*Principe* 5.

[2]　*Discorsi* 2. 2.

[3]　*Discorsi* 2. 3.

利于自己的局势，而不是让自己去适应周边状况①；他将依托于强大
军事力量的罗马共和国的对外关系，与当时意大利的绝望状况进行了
对比②。他将通过"战争"和"扩张"展示自己力量的古代意大利，
与连"和平""稳定"都无法保障的当时意大利进行了对比。

马基雅维利想要说明的是，意大利在未来将要建立的"罗马共和
国"一定要依靠"人民"的力量。他向《君主论》的进献对象君主
强调，人民而非贵族才应该成为支持者。他向共同讨论《李维史论》
内容的贵族子弟强调，公民自由才是建立强大国家的关键。

> 如果说，在罗马帝国时代，取悦军队比取悦人民更有必要，
> 那是因为军队的作用比民众大。如今，除了土耳其皇帝和苏丹之
> 外，所有君主都应该让人民先感到满意，然后再考虑军队，因为
> 人民比军队可以有更大的作为。
>
> ——《君主论》第十九章

> 如果你为了能够控制人民而使他们人数少或不带武装，那么
> 即使你取得统治权，你也不能维持统治，或者你会变得怯懦，成
> 为任何一个攻击者的猎物。
>
> ——《李维史论》第一卷第六章

他一再主张要把人民武装起来。即便造成骚乱和不便，也必须
从制度上保障公民自由这个必要条件。他认为只有把人民武装起

---

① *Discorsi* 2. 4.
② *Principe* 25.

来，才能让意大利有能力应对冷酷的国际政治现实。① 特别是，他对当时的贵族们说，为了建设一个强大的国家，要容忍人民的善变与无知。② 而且，君主为了保护自己的权力，会与所有人为敌，但人民只对剥夺其"自由"的人施以残酷。未来的共和国不是元老院统治下的罗马共和国，而应该是一个以人民的"力量"为基础的全新国家形态。

战争与政争

马基雅维利的权力政治中所包含的爱国号召未能充分发挥作用的主要原因在于，他以同样的方式将关于人民"力量"的论述运用在国内政治中。特别是，在同一个尺度下阐述"战争"与"政争"，对于当时强调道德与品位的贵族，以及通过基督教信仰来观察政治的知识分子而言，这是非常令人不悦和不适的。"阴谋""欺瞒""延迟作战"以及"级"（grado）等军事用语堂而皇之地出现在国内政治的描述中，就连"神"这样的词汇也出现在战术介绍中，而这些内容的读者正是君主和未来的统治阶层。之所以会出现这种情况，是基于他的两个基本判断。一是对时代特点的认识，即国内政治斗争已经演变为国际战争；二是"力量"政治在本质上就不存在国内和国际的划分界限。

既然解决分歧有两种方法：第一种是通过讨论（disceptatio-nem），第二种是诉诸力量（vim）；既然前者属于人类，后者属于野

---

① Gabriele Pedullà, *Machiavelli in tumulto* (Roma: Bulzoni Editore, 2011), 87 –216.

② *Discorsi* 1. 58.

兽，那么我们必须在没有机会利用前者的情况下才诉诸后者。

——西塞罗《论义务》第一卷第十一章

因此，你必须懂得，世界上有两种战斗（combattere）：一种靠的是法律，另一种靠的是力量。第一种方法适合于人类，第二种方法适合于野兽。但由于仅靠前者往往是不够的，所以人们必须诉诸后者。

——《君主论》第十八章

如引文所述，马基雅维利将西塞罗对国际政治的论述应用到了国内政治的范畴。马基雅维利抛弃了那种不能将战争中的暴力和残酷运用于同一个共同体成员（哪怕是政敌）的伪善。虽然"战斗"这个词似乎指的是国际关系，但是如下文所述，他根据战争的尺度来描述政治斗争。"僭主"为了维持权力这个最拙劣的目的，就算没有取得大众不言自明的同意，也可以容忍残酷的杀戮。人们对于权力的渴望，不仅不受抑制，反而无限扩张，为生存而做出的一切努力被视为理所当然的行为，无论公共政治还是私人日常生活，都充斥着人类的支配欲望。总而言之，国内政治也是"战斗"。特别是，《君主论》中充满了"抹杀"（spegnere）、"除掉"（disfare）、"杀死"（uccidere）、"杀害"（ammazzare）等词汇。

这里还有一个不容忽视的地方。马基雅维利在将国内政治视为"战斗"的同时，还抱有对"公民自由"的渴望。事实上，马基雅维利具有明显的价值倾向性。他明确表示，绝对不会接受压制公民"力量"的主张。当时贵族经常谈到格拉古兄弟改革失败带来的混乱，但这并没有破坏他在人民力量的基础上建立共和国的梦想。他认为，如果没有人民的"力量"，贵族的懒惰与傲慢将无法得到牵制。这不是贵族与平民的简单"共存"，而是要建立一个能够确保平民相对贵族占据优势地位的共和国。同时警告与贵族勾结的君主，如果不能得到人民的支持就只有死路一条；告诫那些憧憬元老院权威的贵族，人民的自由就意味着贵族的生存。虽然很多人没能从他关于战斗的忠告中体会到"公民自由"，但是马基雅维利的权力政治的焦点确实是人民的"力量"，哪怕是在国内政治的范畴里。

二　结果主义

君主既然必须懂得善于运用野兽的方法，他就应当同时效法狐狸与狮子。

——《君主论》第十八章

因此，对于一位君主来说，事实上没有必要具备上述列举的全部品质，不过表面上倒的确很有必要显得有德行些。我敢说，拥有种种的美德，并时时弘扬美德，反而是有害的，而表面上做出有美德的样子，显得仁慈、诚挚、人道、敦厚和虔诚，则是很有益处的。在思想上，你应该有所准备，一旦不需要做正人君子时，就可以顺应潮流，向相反的方向转变。

——《君主论》第十八章

世人通常用眼睛观察你，而非用手触摸你，因为人人都可以看到你，但能摸到你的却寥若晨星。

——《君主论》第十八章

肮脏的手

马基雅维利的时代是残酷的。公民自尊被强权践踏，学术与宗教的奢靡助长着腐败和独裁，年轻人看不到未来的希望。罗马教会为了保障自身生存而让意大利陷入四分五裂，国内政治沦落为宗派斗争，无益的雇佣兵战争和争权夺利的政治斗争，让公民的生活坠入无底深渊。因此，只要对公民自由尚存一丝念想，都会渴望新的变化，改变眼下陷入绝望的现状。对政治的认识越深刻，担任公职的时间越长，就越能够用冷静的目光看待权力的实质和人性的弱点。从这个角度来看，"道德"与"政治"的一致很可能是那些试图通过维持现状来获取利益的无耻之人玩弄的语言游戏。[①]

对于马基雅维利来说，就连"肮脏之手"（dirty hands）的道德困境也只是反映贵族伪善和知识分子怠惰的政治修辞。实际上，"一个正直的政治家为了实现高尚的目的，在需要使用不道德手段的时候，应该如何进行抉择"并非他关注的问题。"一个使用欺诈和暴力手段的人，如何在内心保持道德的高尚"也不是他考虑的范围。他反而认为，这类问题无法激发人们改变现状的勇气与意志。因此，他教导道，伟大而辉煌的成就没有理由一定要源自高贵而神圣的动机。他还指出，个人品格与政治成就毫不相关，如果在需要行动的当口陷入道德的苦闷，就连从事"政治"的资格都不具备。马基雅维利不仅挣脱了古典的道德要求，而且摆脱了近代的道德困境。

即便如此，也不能用"目的使手段合理化"这句话对马基雅维利

---

① Eric Voegelin, *Renaissance and Reformation*, in *History of Political Ideas* Vol. 4, edited by David L. Morse & William M. Thompson (Columbia: University of Missouri Press, 1999), 31 – 87.

的结果主义进行简单化处理。严格地说，马基雅维利甚至没有试图把道德与政治分离开来。对他来说，若某人怀着好的意图、使用坏的手段，没有理由将其视为善良的人；若政治家在进行特定的行为，也没有必要追问他的动机和目的是关乎个人荣辱，还是关乎共同体的幸福。他只是想用其他能够解放意大利的东西，来代替当时迷惑意大利人的那些道德价值。他只是想证明，政治行动通过其自身的成功就能成就"光荣"，并且为了这种"光荣"而全力以赴是非常值得的。

政治与结果

因此，如果想从马基雅维利这里寻求道德与政治的区分，或者寻找"肮脏之手"的道德困境，很有可能会无功而返。不仅如此，也很难从马基雅维利身上找到科学一致性或行为经济学的原则。如果政治上不存在不确定性，或者政治只能按照某种确定性运行，就没有必要为政治权力展开激烈斗争了；如果行为模式是连贯的、确定的，学者的清晰论证就能解救意大利了。

> 每个人都能够看到你表面的样子，几乎无人可以触摸到你的本质。了解你的少数人［贵族］是不敢跟多数人唱对台戏的，因为国家的权力［君主］拥护多数人的意见。所有人类的行为，尤其是君主的［行动］，如果没有法庭为之判断黑白，世人眼睛看到的就是结果（si guarda al fine）。
>
> ——《君主论》第十八章

如上所述，马基雅维利认为政治行为的结果是不可预测的。既然没有确定的未来，也没有必定的成功，只能全身心投入"政治"当中

29

并付出全部的努力。即使是坏手段，也要努力"用好"。随后，他还指出，"在运营国家的过程中，最重要的就是结果"，政治的好坏只取决于一个结果（fine），即"多数人的安全"。对于君主来说，使"多数人满意"就是维持自己统治的方式；对于共和国的领导者来说，维护共同体全体成员的安全就是他们的职责。

在这一点上，马克斯·韦伯（Max Weber）与马基雅维利的立场截然相反。韦伯认为，政治家若被逼无奈不得不使用"肮脏之手"则实属不幸。① 为了达成好目的而使用坏手段，归根结底还是出卖自己灵魂的行为。但马基雅维利却非常不愿意将这个准则强加在政治家身上。对他来说，在韦伯所说的政治家三种品质中，只有"激情"（Leidenshaft）是重要的。另外两种，无论是责任感还是判断力，不过是为了满足想要"拥有"（acquistare）的欲望而做出的努力罢了。因此，他并没有在"道德"或"责任"中寻求调节激情的方法，而是试图以同样形式的"力量"和"绝地求生"的激情，也就是通过他人的欲望来制约政治的欲望。

因此，马基雅维利关注人们"不愿受他人恣意支配的欲求"。通过公民对"非支配自由"的渴望来制约君主或政治领袖的支配欲。② 在他看来，贵族终究是与君主志同道合的。这些人无论何时，都试图满足自己的"支配欲"。但是，从本质上来说公民是消极的，只有在希望破灭的情况下才会行动起来。因此，应该时刻提醒他们，制定一种他们能够随时参与运用的政治制度。③ 如果没有这种制度，国内就会腐败蔓延，国际上就会被强权左右。这里，马基雅维利的"结果主

---

① Max Weber, "The Profession and Vocation of Politics", in *Political Writings*, edited & translated by Peter Lassman & Ronald Speirs (Cambridge：Cambridge University Press, 1994), 365–369.

② *Prinicipe* 9. （3）.

③ *Discorsi* 2. 2.

义"虽然有局限性，但具有价值指向性。

"看到的"与"感受到的"

在这个思路下，马基雅维利谈论"看到的"与"感受到的"之间的差别。"看到的"是指某人所拥有的、对他来说具有说服力的信念，即"被视为"（tenuto）如是一般。

> 我说，被视为慷慨固然是件好事（dico come e'sarebbe bene essere tenuto liberale）；尽管如此，如果你行慷慨之事是为了被视为慷慨，这也许会害了你。因为如果你根据德性，按照应该如何践行慷慨的方式去行慷慨之事，它将无法得到认可，你将逃避不了与之相反的恶名。
>
> ——《君主论》第十六章

如引文所示，马基雅维利认为，"被视为"好的事情只不过是脱离现实生活的想象罢了。简单地讲，虽然所有人都认为"慷慨"（liberalità）比吝啬好，但很少有人为了维持"慷慨"的名声而导致自己陷入贫困。因此，君主为了维护自己的国家，共和国的政治领袖为了共同体的安全，就不应拘泥于"看到的"。

对于马基雅维利来说，使佛罗伦萨公民执着于"看到的"，进而完全丧失公民自由的原因就在于，当时的知识分子阶层一心遵循亚里士多德的教诲，公民的思维方式也受制于罗马教会的教规。《君主论》毫不留情地批评了前者，《李维史论》则毫不掩饰地批判了后者。在马基雅维利看来，亚里士多德的道德价值已经沦落为"看到的"或者"被视为的"东西。对亚里士多德来说，"吝啬"是即使受到指责也要满足"贪婪"的欲望①；对马基雅维利来说，"吝啬"则是想要维持"慷慨"的名声，反而受到"贪婪"的指责②。同理，罗马教会的教诲不会激发公民对自由的热情，它只是一种"错误教育"（falsa educazione），让人们默默接受被奴役的命运。③

因此，马基雅维利建议政治家去研究"感受到的"。尤其是那些梦想改变的未来君主，政治是知道"感受到的"人的分内之事。他还建议，不要用"眼睛"（occhi）去看，而要用"手"（mani）去摸。

> 每一个人都看到你的外表是怎样的，但很少人摸透你是怎样一个人。
>
> ——《君主论》第十八章

引文中所说的"很少人"就是"渴望支配"的人，他们的选择总是基于他们"感受到的"。与多数人的评价相比，他们关注的永远是那些能够满足自己目标的现实条件。

> 即使人们在普遍事物上易受欺骗，也不会在个别事物上受到欺骗。
>
> ——《李维史论》第一卷第四十七章

另外，人民可能会被脱离实际生活的"美好东西"所欺骗，但对自

---

① Aristotle, *The Nicomachean Ethics*, trans. H. Rackham（Cambridge：Harvard University Press, 1926）, 1107b9 – 1107b14.

② *Principe* 16.〔5〕.

③ *Discorsi* 2. 2.（32）.

己面临的具体生活境况的了解，却比任何人都准确。即使某人关注的是集体行动，但回到自己家中，他就会回过头来考虑自己到底需要什么。换句话说，"感受到的"与"看到的"会产生两种不同的行为方式。

正确的想象

马基雅维利特别叮嘱那些保障公民自由的政治领导者要关注"感受到的"。"被视为"是好的或慷慨的当然十分幸运，但是千万不能忽视"感受到的"。拥有大众喜欢的面貌，或者以大众喜欢的样子打造自己固然重要，但应该努力反思自己"感受到的"，然后说服大众并贯彻落实自己的想法。他还警告说，不要执着于苏格拉底以来政治哲学家们传达的"好的东西"，以及罗马教会传授的"永恒的东西"。比起这些，更应该思考"共同体的存续"这一实际问题，设想如何通过公民自由获得"光荣"。他还进一步指出，人民绝不会被"感受到的"所欺骗。即使人们习惯用"眼睛"去看，在具体生活中也会根据自己的感受去回应。因此，即使意见与人民不同，也应该真心诚意地去说服他们。

马基雅维利没有将希望寄托在能够一次性解决无数政治问题的乌托邦式的想象上。而且，他并不认为，上帝对人类缺陷进行纠正的恩典，可以定义政治生活。因此，马基雅维利没有遵循"君主教科书"（specula principum）的传统写作方式。相反，他通过展现人民的"力量"来刺激君主的支配欲，指引君主为了满足自己的支配欲，就应该把目标指向"多数人的安全"。同时，他还抛弃了共和主义的传统主题——"和谐"。对他来说，共存与和谐只不过是当时佛罗伦萨贵族的甜言蜜语，试图维持公民的绝望生活。他提出，"分歧"与"力量角逐"才是共和主义的全新前景。特别是，他还构想出一套能够唤醒公民"不受支配的欲求"的制度，同时还告诉领导者如何满足他们的欲望。

> 因为正如那些画风景的人，为了考察山峦和高地的特性（natura）就要置身于低处的平原，而为了考察平原的特性就要来到山顶。同理，为了深刻认识人民的本性（natura），就需要成为君主，而为了深刻认识君主的本性，就需要成为人民。
>
> ——《君主论》献词

现在，我们应该通过马基雅维利的"重视结果"这句话，来学习如何保障并维持公民自由的方法。政治领导者应该考虑设计满足公民"不受支配的欲求"的最佳制度，公民也应该注意自己的目标并非实施支配，而是免受支配。兼通二者的人就是马基雅维利期待的君主，这就是他的"正确的想象"（vera immaginazione）。

三 共和主义

> 按照人的本性，和受到恩惠一样，给予恩惠也会使他们感到彼此休戚与共。
>
> ——《君主论》第十章

考察秩序从何而来、无序又从何而来，并非一件难事；因为古代的所有美好事物都来自自由生活（vivere libero），而现在的无序则来自奴役生活（vivere servo）。因为所有自由生活的城市和地区（如前所言），在各个方面都十分繁盛。有更多的人群生活在那里，因为人们的婚姻更加自由，也更加向往结婚，每个人都很乐意生育子女，相信能够抚养长大他们的孩子。他们不用担心自己的财产被剥夺；并且知道他们的子女不仅生来就是自由人、不是奴隶，而且知道他们的子女通过自身的能力可以当领导者（principi）。人们可以看到，农业和制造业都使那里的财富大量增长。因为每个人都愿意增加财富，并努力获得那些财产，他相信获得后就可以享受它们。由此产生的结果是，处于竞争关系中的人们会考虑个人利益和公共利益，从而二者都令人惊奇地增长起来。

——《李维史论》第二卷第二章

超越罗马

当时的知识分子崇尚西塞罗式的共和主义，但马基雅维利则不以为然。特别是，他怀疑西塞罗为实现"共和"制度而提出的"混合政体"是否具有可行性。众所周知，西塞罗梦想的混合政体是将君主政体、贵族政体、民主政体的要素进行合理的整合，进而达成各阶层的和谐共存。西塞罗特别重视政治家作为"调解者"（gubernator）维持混合政体运转的作用。因此，西塞罗心目中的理想政治家即使不是柏拉图式的哲人王，也要熟知正义、精通法律，能够回答终极问题，具备准确的判断力和解决问题的恰当能力。[1] 因此，政治应当专属于贵族。

对马基雅维利来说，这样的西塞罗是逆历史潮流而动的人物。就像《李维史论》第一卷第三十七章所提到的，在马基雅维利眼中，格

---

[1] Cicero, *De Re Publica*, in *De Re Publica & De Legibus*, trans. Clinton Walker Keyes（Cambridge, MA：Harvard University Prses, 2000［1928］），1. 7.

拉古兄弟改革失败的时候，罗马共和国已经无法维持以元老院为中心的共和政体。中央与地方的监管关系无法有效运作，贵族之间对峙激烈，无法制约民众的强硬要求。此外，农民因为长年的战争与兵役而流离失所，公民因为大农场的果树栽培而饱受粮食短缺之苦，遍布罗马的贫民无法保障自己的公民自由免遭政治煽动。也就是说，罗马共和国扩张为帝国之后，西塞罗的共和主义就已经无法在贵族的傲慢与人民的不满之间发挥应有的作用。人民的政治参与已经成为不可避免的时代要求，这是一个需要政治慧眼的时代，去发现贵族审议终将被民主审议所取代。

在同样的思路下，马基雅维利对李维（Livius）也表示不满。李维将布鲁图斯（Brutus）描述为宁愿牺牲自己的儿子也要创建共和国的伟人①，将卡米卢斯（Camillus）刻画为拯救罗马共和国于内忧外患之中的英雄②，这些都与"和谐"直接相关。相反，"不和谐"（discordia）与"奢侈""贪婪"相关，最终可以归结为"背叛""丑陋的朋党"。也就是说，"和谐带来光荣，不和谐带来毁灭"，这宣扬的就是以元老院为中心的共和主义传统价值观。与之相反，马基雅维利则反复强调，"分歧"不仅不可避免，而且具有积极的社会政治作用。对内可以保障公民的自由，对外可以为维护政治共同体的独立作出巨大贡献。正是出于这样的原因，他将当时知识分子轻视的混乱无序的罗马共和国视为应当模仿的典范，并且称赞格拉古兄弟改革的意图是好的。

有一个观点认为萨卢斯特（Sallust）为马基雅维利有关分歧的

---

① Livy, *Ab Urbe Condita*, in *Livy* Vol. 1, edited by Benjamin O. Foster (Cambridge, MA: Harvard University Press, 1976 [1919]), 2.4 – 6.

② Livy, *Ab Urbe Condita*, in *Livy* Vol. 3, edited by Benjamin O. Foster (Cambridge, MA: Harvard University Press, 1924), 5.20 – 39.

讨论提供了基础。① 但是，马基雅维利与萨卢斯特的共同点并非"分歧"，而是"恐惧"（metus）的社会政治功能。同萨卢斯特一样，马基雅维利也认为，罗马共和国在与迦太基的战争中获胜之后，便不再有对外敌的恐惧，也就开始走向了没落。② 但是，马基雅维利并不认为，"对外敌的恐惧"（metus hostilis）创造的和谐成就了罗马的伟大。③ 另外，萨卢斯特将党派分歧与腐败联系起来，使"和谐"优先于"不和谐"，将罗马人健康的"对光荣的渴望"（cupido gloriae）与没落时期"对权力与金钱的饥渴"相提并论，马基雅维利认为这些提法毫无理由。④

此外，马基雅维利与文艺复兴时期人文主义者们所热衷的昆体良（Quintilianus）也保持着一定的距离。在 15 世纪，随着《演说家的教育》（Institutionis Oratoriae）一书得到复原，昆体良对知识分子阶层产生了极大影响。当时的人文主义者不仅希望从他的著作中寻找传统修辞学的内容与形式，还希望在修辞的公共作用被僭主们侵蚀的时代，通过对下一代的教育来重现罗马共和国的黄金时期。但是，马基雅维利并不赞成昆体良的"理想演说家"（orato perfectus）⑤，因为他不仅要口才好，还要有一颗善良的心。同时，他对于单纯强调修辞术的观

① Quentin Skinner, "Machiavelli's Discorsi and the Pre-humanist Origins of Republican Ideas," in *Machiavelli and Republicanism*, edited by Gisela Bock, Quentin Skinner, and Maurizio Viroli (New York: Cambridge University Press, 1990), 121 – 141.

② Sallust, *Bellum Catilinae*, in *Sallust*, trans. John C. Rolfe (New York: G. P. Putnam's, 1921), 10. 1 – 2.

③ Sallust, *Bellum Catilinae*, in *Sallust*, trans. John C. Rolfe (New York: G. P. Putnam's, 1921), 10. 6.

④ Sallust, *Bellum Catilinae*, in *Sallust*, trans. John C. Rolfe (New York: G. P. Putnam's, 1921), 10. 3.

⑤ Quintilian, *Institutionis Oratoriae*, in *Quintilian* Vol. 1, trans. Harold E. Butler (New York: G. P. Putnam's Sons, 1920), I. pr. 9.

点也不能全然赞同。他认为，拥有实质性的"力量"，和通过说服来达成最佳可能方案的态度同样重要；在恰当的时刻行使"力量"的意志，与主导演说形势的雄辩能力同样必要。

自治城市的幻想

马基雅维利想要克服的另一种共和主义，与当时吸引知识分子"自治城市"的幻想有关。当然，不可否认的是，他对"自治城市"也持有一定程度的好感。

> 他们像穷人一样生活。他们不盖房子，不修边幅，更不去装饰自己的住处。对于他们来说，只要有足够的面包、肉类和御寒的暖炉就足够了。
>
> ——《素描》

德意志人个人生活非常简朴，而国家却非常富强。人们对当时德意志的称赞不只是人类学上的关注。

> 治理良好的共和国必须使国库富有，而使公民贫穷。
>
> ——《李维史论》第一卷第三十七章

> 这种武装方式是德意志人民，尤其是瑞士人发明的。因为他们贫困，渴望自由生活，所以他们必须得战斗，抗击神圣罗马帝国君主们的野心。
>
> ——《用兵之道》第二卷第二章

如引文所示，马基雅维利在描述德意志的城市时，已经融入了他对未来共和国的梦想：基于一种制度性的设计，培养和维持具有奉献精神的公民意识。德意志人通过"朴素生活"与"自由"使德意志城市变得强大，这给马基雅维利带来了极大的震撼。

但是，马基雅维利并不赞同"自治城市"的幻想。他在《君主论》与《李维史论》中都对"小型城市国家"的前景流露出否定与悲观的态度。① 众所周知，他在《君主论》和《李维史论》中对自由开放的罗马共和国给予了高度评价。与之相反，他对封闭孤立的斯巴达与威尼斯则持有非常负面的态度。② 在这点上，他认为德意志城市与斯巴达有着相似之处。同时，他非常不赞同德意志的分裂。实际上，德意志人只在对抗神圣罗马帝国皇帝时才团结到一起，平时则是四分五裂的。对于马基雅维利来说，陷入分裂状态的小型城市无法抵御强大的外敌。因此，德意志绝非理想的学习典范。简而言之，他对德意志的称赞虽不止于简单的"素描"，但这并不意味着德意志城市是他的理想政治体制。

帝国与共和国

马基雅维利梦想的共和国，首先是能够扩张为帝国的罗马共和国。但是对于他来说，罗马共和国也不过是个残缺的政治体制，在格拉古兄弟改革之后，未能顺应时代变化而最终崩溃。罗马共和国错过了保障人民政治参与、发展成为强大帝国的时机。其症结就在于贵族的傲慢与无知，他们为了维持元老院的统治而苦苦挣扎。同

---

① Gennaro Sasso, *Niccolò Machiavelli*, *Storia del suo pensiero politico* (Bolgona：Il Mulio，1980)，267 – 270.

② *Discorsi*，1.5；1.6.

时，他对罗马帝国享有内部稳定与外部和平也抱有不满。即使皇帝统治能够带来稳定与和平，他也不愿意让公民的自由处于一人统治之下的僭政危险之中。因为他相信，即使在共和国的建立时期需要"一位"强有力的领导者，公民的自由也还是只有通过"人民"才能真正实现。①

因此，马基雅维利一方面需要说明公民自由与领土扩张之间的关联②，另一方面需要证明杀害僭主的正当性，以及公民自由是不可避免的③。在此过程中，他所列举的古典论据主要来自塔西佗（Tacitus）。对于当时的共和主义者来说，塔西佗的著作代表了人们对自由的渴望，这是僭主权力一直试图破坏的；而对于拥护君主政体的人来说，塔西佗的著作则巩固了他们的立场，即君主政体更有利于抵御外敌入侵，防止内部分裂。④

> 最终，我们的精神又开始恢复了。从一开始，从这个幸福时代开始，涅尔瓦皇帝就将长期不能兼容的帝制（principatum）和自由（libertatem）这两个观念结合在了一起；现在图拉真皇帝每天又在增加着这个时代的幸福。人们不仅对公共安全抱有期待和希望，而且知道这种期待和希望将会实现并持续下去。
>
> ——塔西佗《阿古利可拉传》

---

① *Discorsi* 1. 9.（5）.

② *Discorsi* 3. 19.

③ *Discorsi* 1. 29.（5）；3. 6.（6）.

④ Kenneth C. Schellhase, *Tacitus in Renaissance Political Thought*（Chicago：University of Chicago Press, 1976）, 66 – 126.

对于马基雅维利来说，塔西佗关于"帝制"与"自由"相互结合的观点自然值得称道，但没有提到以人民政治参与为基础的公民自由则令人遗憾。实际上，塔西佗在谈到自由的时候，并没有对政治体制的形式与原则表现出多少关注。① 此外，塔西佗的制度构想仅仅是希望，皇帝体制能够包含元老院的自由审议，并接受元老院的谨慎制约。因此，对于主张人民积极参与政治的马基雅维利来说，塔西佗不过是另一个需要超越的对象。

进入 16 世纪，佛罗伦萨的知识分子们就不再谈论"帝国的建设"了。② 也许所有人都认为，在当时的情况下谈论帝国是不现实的。另外，在美第奇家族回归后，通过人民的政治参与来实现帝国建设这样的谈论，在政治上也没有实际益处。事实上，在那个时代，排斥人民政治参与的"小型政府"（governo stretto）在讨论中占据主导地位，"公民自由""政治参与"都被视为难以实现的古典幻想。贵族们试图构建以威尼斯和德意志城市为典范的"小型政府"，知识分子们则热衷于批判萨伏那洛拉民众政府造成的政治失败。自然而然地，试图把"公民自由"与"帝国建设"联系在一起的观点就被边缘化了。③

共和的领导力

圭恰迪尼也认为马基雅维利在《李维史论》中设想的共和国是不

---

① Tacitus, *Dialogus*. in *Dialogus*, *Agricola*, *Germania*, trans. Maurice Hutton and William Peterson（New York：Macmillan Co.，1914），40－41.

② Mikael Hnqvist, *Machiavelli and Empire*（New York：Cambridge University Press，2004），38－75.

③ Felix Gilbert, "Bernardo Rucellai and the Orti Oricellari：A Study on the Origin of Modern Political Thought", *Journal of the Warburg and Courtauld Institutes*, 12（1949），pp. 101－131.

现实的。他认为其中最主要的问题是，马基雅维利过于信赖"人民"或"多数人"。①

> 但是，如果一定要把城市的统治权（uno governo）交给贵族或者人民的话，我认为还是交给贵族比较合适。因为他们处理事情更加慎重，拥有更好的品质，更能妥善统治。与此相反，人民则是无知的、混乱的、品质败坏的，要么让事情变得更加糟糕，要么会破坏一切。不论你想让共和国得到扩张，还是维持现状，我都不想再讨论两者之间的差异。[事实上] 人民的政府与共和国的扩张或维持都毫无关联（el governo dell plebe non è né per acquistare né per conservare）。罗马的政体是混合的，而不是人民的。
>
> ——圭恰迪尼《沉思》第一卷第五章

但是，马基雅维利并不像圭恰迪尼所忧虑的那样，无条件地拥护"人民"或"多数人"的判断。对于"人民"与"多数人"为实现非支配自由而表现的愤怒、进行的抵抗，马基雅维利是完全支持的。但是"多数人"和"人民"也经常有追求支配的倾向，所以马基雅维利多次强调政治领导者的重要性。② 马基雅维利强调的作为调解者的政治领导者，其作用并不限于实现各阶层间的共存，而更多在于实现"多数人"与"人民"的自由和安全，所以他的共和主义与以元老院

---

① Francesco Guicciardini, *Considerazioni sui Discorsi del Machiavelli*, in *Opere di Francesco Guicciardini*, Vol. 1, cura. Emanuella Lugnani Scarano（Torino：Unione Tipografico-Editrice Torinese，1970），libro 1，capitolo V，618.

② *Discorsi*，1. 44；2. 22.

贵族审议为基础的古典共和主义并不相同。① 作为名门子弟，在美第奇家族回归以后历任要职的圭恰迪尼，也许从内心深处就对马基雅维利重视"多数人"与"人民"政治参与的共和主义抱有反感。

最近，越来越多的学者将马基雅维利的共和主义特征归结为"民主主义"或"民众主义"。一些学者还试图将马基雅维利的共和主义与雅典民主政治标榜的政治原则相结合。② 实际上，许多学者都认同，马基雅维利的政治思想中"人民"或者"多数人"所占比重颇大。③ 但是，就像雅典民主政治与罗马共和国关于领导者选举方式以及这种选举方式所基于的政治理想各不相同，试图用基于人民主权的"民主主义"来解释马基雅维利的政治思想，是不合适的。当然，很难否认，民主主义与共和主义的追求目标可以通过马基雅维利提出的"不受他人恣意支配的自由"，即"非支配自由"实现最理想的结合。虽然民主主义与共和主义具有各自固有的传统，但如果将二者理解为不同时代状况发展出来的或对立或结合的若干政治原则，就可以从马基雅维利那里获得有关民主主义制度化运行的智慧。④

马基雅维利在"多数人"的消极属性，即"不受支配的欲求"中找到了"公共善"的依据，认为建立这种能够满足"多数人"欲求的制度，

① Leo Strauss, *Thoughts on Machiavelli* (Chicago：University of Chicago Press, 1958), 44 – 45；126 – 131；259 – 288.

② John McCormick, *Machiavellian Democracy* (New York：Cambridge University Press, 2011), 6 – 8；Benedetto Fontana, *Hegemony and Power：On the Relation between Gramsci and Machiavelli* (Minneapolis：University of Minnesota Press, 1993), 91 – 105.

③ Paul Rahe, *Against Throne and Altar*, *Machiavelli and Political Theory under the English Republic* (New York：Cambridge University Press, 2009), 53 – 55.

④ Jun-Hyeok Kwak, "Non-dominative Leadership：Re-appropriation of Pedagogical Rhetoric in Machiavelli's The Prince", *Korean Political Science Review*, Vol. 47, No. 5 (2013), 27 – 50. (Korean).

一定能很快建成强大的国家。马基雅维利的这种论述并不局限于涉及"自由生活"的《李维史论》。多数人不受支配的欲求，是马基雅维利政治想象的出发点。因此，他在《君主论》第九章中提道："君主站在人民的一边，不仅能保证自己的地位，还能保障自己的安全。"马基雅维利的这个忠告，与他在刺激那些陷入支配欲的政治家的权力本能时给出的忠告，并不冲突。就像我们在《君主论》第十八章中所看到的，当"看结果"的多数人的判断是"非支配"时，君主的政治野心就可以等同于满足"多数人"不受支配的欲求。正是这个原因，马基雅维利将与阿加索克利斯（Agathccles）不相上下的希耶罗（Hieron）描写成了另外一个人。① 也正是基于同样的原因，令所有人都钦佩不已的恺撒（Julius Caesar），在马基雅维利的眼里不过是个"僭主"罢了。②

没有民族主义的爱国心

将马基雅维利共和主义包含的"对祖国的爱"（amore della patria）贬低为某种修辞手法，是不恰当的。虽然马基雅维利的爱不是苏格拉底式的、具有道德义务感的反思性爱欲（eros），也不是西塞罗式的、源于神与自然法的虔诚（pietas），更不是基督教宣扬的对邻人的博爱（agape），但是他的爱国心建立在连献出灵魂也在所不惜的意志基础上。③ 因此，他的爱国呼唤在近现代既激发了很多爱国志士的灵感，也抚慰了那些为祖国独立而献身的人们。

但是，在马基雅维利的共和主义中，我们需要更深入地思考"帝国"与"自由"的结合所具有的现代意义。特别是，有必要思考马

---

① *Principe* 6.（27）；Discorsi Dedica.（10）.
② *Discorsi* 1. 10.（12）－（15），1. 34.（2）.
③ Lettere，*A Francesco Vettori*，16 aprile，1527.

基雅维利的爱国心能否与全球化时代的普遍规范——"民主主义"与
"人权"相契合？他的爱国心能否避免具有封闭性和攻击性的民族主
义的失败，并为人类共同发展提供思想依据？还有，应该冷静思考，
马基雅维利的爱国心——作为他的共和国的基础——能否进一步扩展
为对全人类的热爱？

> 有些人不去告诉人民什么是祖国，而是以人性的名义试图启
> 迪人民。还有一些人，闭口不谈人性（umanità）的法则，只强
> 调民族性。对于第一类人来说，他们的运动缺乏获得支持的时机
> 与手段；对于第二类人来说，他们的运动缺乏最终目的。
>
> ——朱塞佩·马志尼，2009［1836］，53

如引文所示，有学者认为马志尼（Giuseppe Mazzini）与马基雅维
利有着相似的爱国心。① 这里，马基雅维利的爱国主义被视为一种温
和的集体主义，不仅将"非支配"的价值扩展到共同体成员，还要从
共同体成员扩展到全人类。也就是说，马志尼在所谓"无民族主义的
爱国主义"这一主题下，来阐述马基雅维利的共和主义。

> 作为特定国家的公民之前，我们首先是人。这意味着民族国家
> 的界线，不可能成为道德上装聋作哑的借口。苦难中的人们发出的
> 声音，无论他们身在何处，必须被聆听。无论文化之间的差异有多
> 大，人们对自由的热爱使得他们对祖国的爱可以转移成对人类的爱。
>
> ——毛里奇奥·维罗里，2002，85

---

① Maurizio Viroli, *For Love of Country* (New York: Oxford University Press, 1995), 36 – 40.

从马基雅维利那里寻找引文所述的那种温和爱国主义，实在过于牵强。马基雅维利的共和主义并非以"温情"（caritas），而是以对"非支配"的欲求（passione）为基础。因此，他的共和主义并非着眼于，人们对同胞的爱是否能够超越个别共同体转换成对全人类的热爱。对于梦想扩张的共和主义者来说，共存显然是一个次要的主题。

笔者认为，与其通过我们追求的价值对马基雅维利的著作进行重构，不如去探寻哪些原则可以调节他的共和主义所内含的攻击性。如果说公民自由在古典共和主义中等同于一种道德义务感，将对同胞的温情扩展为对全人类的爱，那么就有必要讨论马基雅维利基于何种依据对古典共和主义的贵族特征表示不满，以及这二者如何共存的问题。此外，如果认为"非支配"是一种能够扩展到全世界的政治社会价值，就有必要考虑，借鉴马基雅维利对国际政治残酷现实的洞察，这种价值如何能够克服"权力政治"的普遍偏见？如果这些问题得到解决，那么朝鲜半岛的和平就有望通过面向和平共存的爱国主义来实现，而非依靠刺激周边国家的民族主义。

第二章　异邦人马基雅维利

　　大使阁下：惠书令我忘记了过去的一切不幸；尽管我确信您对我的友爱，这封信仍令我十分喜悦。我真心感谢您，祈求上帝为神益于您而赐予我力量，使我能做一些您喜悦的事情，因为我〔这次被赦免〕都是拜朱利亚诺〔美第奇〕殿下和您的〔弟弟〕保罗〔贝托里〕所赐。至于面对命运女神，我希望您能从我的苦难中找到喜乐，我如此勇敢地克服了那些困难，我为这样的我感到自豪，我认为自己比我想象的更好。如果我的新主人认为不宜任我自生自灭，那我会感到高兴，一定会以实际行动让他们感到满意。如果他们觉得无所谓，我会像我初来此地时那样生活，因为我出身寒门，早年就学会了如何忍受（godere）而不是如何享受（stentare）。

　　——《马基雅维利致弗朗切斯科·韦托里》1513 年 3 月 18 日

　　马基雅维利的政治思想中充满着天才般的奇思妙想，也充满着不受拘束的自由奔放。他出色的人文素养没有受限于"学究"的形式，卓越的政治洞察力也没有受制于错综复杂的朋党关系。马基雅维利具有一种能够洞察现实的审美眼光，从他既不是贵族也不是富人的出身来看，这可能是一种恩赐。

实际上，马基雅维利既没有显赫的家族谱系（lignaggio），也没有政治上的纽带关系（consorteria）。他只认识那些与他父亲有交往的人文主义者，其他凭借的就是他自己的才能了。也正是由于这个原因，在他的生命中，愉悦背后总是隐藏着孤独；在他的著作中，修辞技巧中总是充满着预言家般的叹息。虽然有人称赞他是"伟大的预言家"（maggiore prefeta）①，但是佛罗伦萨的权贵们并不关心马基雅维利的想法。对于他们来说，马基雅维利只是一个有着"其他想法"（contraria professione）的异邦人。

直到 20 世纪中叶，马基雅维利的父亲贝尔纳多（Bernardo Machiavelli）的《回忆录》（*Libro di Ricordi*）被发现以前，人们对其童年生活的研究仅仅依靠他自己的信件和著述。有趣的是，马基雅维利自己描述的童年生活是"贫穷的"。但是，有学者认为这种说法过于夸张。

第一个理由是，虽然马基雅维利的家族算不上贵族，但至少属于"富裕公民"（popolani grassi）的阶层。13 世纪，拥护罗马教皇的归尔甫派（Guelfi）与拥护神圣罗马帝国皇帝的吉伯林派（Ghibellini）之间的争斗达到顶峰时，在瓦尔迪培撒（Val di Pesa）拥有大量土地的马基雅维利家族与当时的商人、中产阶级一样，属于教皇的支持者。但是，在 1260 年的蒙塔佩蒂之战（Battaglia di Montaperti）中，教皇派惨败于和锡耶纳（Siena）军队联合作战的皇帝派，马基雅维利的家族也遭到了沉重的打击。虽然在短时间的放逐后得以重返家园，但是损失极其惨重，家族中的一部分人不得不迁居到了博洛尼

---

① Lettere, *Casavecchia a Machiavelli*, 17 giugno, 1509.

亚。1289 年教皇派重新得势之后，他的家族一直属于支持教皇的黑党（Neri），当反对教皇的白党（Bianchi）于 1302 年被驱逐出境后，其家族开始有人出任政府的要职。在马基雅维利之前，共有 13 人担任过佛罗伦萨的高级官员。虽然其家族成员乔凡尼·马基雅维利（Giovanni Machiavelli）——与 1302 年被放逐的白党人士但丁同时代——曾经因杀人、强奸而受到起诉，但仍然得以选任为高官。由此可见，其家族势力是何等强大。

　　1469 年 5 月 3 日马基雅维利出生的时候，这个家族的势力已经不复当初了。虽然不至于贫困，但也绝非富裕。① 在美第奇家族得势之时，他的家族虽然也出了几位杰出的法律专家，但都与政治权力无缘。曾经担任过佛罗伦萨大学教授的吉罗拉莫（Girolamo Machiavelli）是马基雅维利的堂叔，他还算是一个担任过政府要职的人物。但是，他却因为在 1458 年策划反对科西莫·美第奇（Cosimo de Medici）而被放逐，1459 年又因叛徒的罪名被没收财产，1460 年反对美第奇的阴谋败露之后再次被捕，最终在狱中被拷打致死。② 虽然马基雅维利家族并未公开敌视美第奇家族，但还是难免受到掌权者的猜疑。此外，马基雅维利的母亲还是贝妮奇（Benizi）家族的遗孀，这个家族也曾参与吉罗拉莫的反美第奇行动，这也造成了一定的负面影响。

　　马基雅维利的家庭在整个家族中是最不富裕的。父亲的农场很小，而且产出极少。他的父亲在 1480 年的纳税报告中，说自己"没有固定职业"。即使这样，他的父亲和他的其他堂兄弟们一样选择了从事法律的道路。虽然家境贫寒，但却取得了法学博士学位。虽然作

---

　　① Roberto Ridolfi, *Vita di Niccolò Machiavelli* (Roma：Angelo Belardetti Editore, 1954), 3 – 22.

　　② Francesco Bausi, *Machiavelli* (Roma：Salerno Editrice, 2005), 27.

为法律专家的活动并不活跃，但他也偶尔会做公证之类的杂事。据推测，可能因为堂兄在 1458 年反对美第奇而死于非命，他在职业和政治上都畏畏缩缩，过着小心谨慎的生活。总体来说，他保留了马基雅维利日后创作《君主论》的圣安德里亚小山庄，在把除此以外的财产全部处理掉后，以在今天圭恰迪尼大街 16 号的房子里收租金为生，过着平凡的中下层生活。

因此，马基雅维利如何在 29 岁的年纪从不起眼的家族中一跃成为佛罗伦萨第二秘书厅的秘书长，成为人们关注的焦点。从佛罗伦萨的惯例来看，青年人到 24 岁以前都要受到父母的监护。在刚刚获得选举权的年纪就能担任要职，很难单纯地归功于个人的能力。就算马基雅维利家族比佛罗伦萨其他家族更有自豪感，但马基雅维利本人和他的父亲都算不上什么有名的人物。

本书第二章讲述"异邦人"马基雅维利一生的故事。第一部分将谈到马基雅维利的父亲为了培养他的人文素养，所付出的异于常人的努力和结果。还将介绍他的父亲的独特经历与马基雅维利在共和国时期成名二者之间的密切关系。第二部分通过他被放逐后的写作来考察其公职生活，讨论他在时代变化中的所思所想，他的思想与此前的政治哲学家有何不同？产生这种差异的原因又是什么？最后，重新审视马基雅维利作为教师的面貌，特别是献给两个名门望族子弟的《李维史论》中，如何展现出无法隐藏的、作为老师的真情实感。

一　创作喜剧的诗人

历史记述已经发生的事情，诗描述可能发生的事情。所以，诗比历史更富哲学性、更严肃，因为诗更多讲述普遍事物，而历史讲述个别事物。所谓"普遍事物"，指某人根据可能性或必然性会说的话或会做的事，这就是诗附加名字的目的。

——亚里士多德《诗学》，1451b4 – 10

任何人要是看到我们的书信，我敬爱的同道啊，看到它们的丰富多姿，必定会大为惊讶。乍一看，我们似乎都是严肃的人，注意力完全集中于重大事务，头脑中流过的任何想法，无不关乎庄重、笃实。不过翻到下一页，读者就会发现，我们——仍是同一个我们——猥琐、轻浮、好色，专爱干些荒诞不经的事。这种行为若在有些人看来是可鄙的，在我看来则是值得称道的，因为我们是在效法自然，多变的自然。任何效法自然的人都不应当受到非难。

——《马基雅维利致弗朗切斯科·韦托里》1515 年 1 月 31 日

父亲的遗产

马基雅维利的父亲——贝尔纳多称自己的家族是"铁哥儿们"（brigata）。我们可以看出他是一个非常重视家族纽带关系、拥有极强家族自豪感的人。因此，从 1474 年开始，贝尔纳多也像其他名门望族的成员一样开始撰写《回忆录》。那年他 47 岁，与年轻 11 岁的妻子育有三名子女。普莉玛维娅 10 岁，马格丽塔 7 岁，马基雅维利 5 岁。一年之后洛托出生了，这样贝尔纳多就成了四个子女的家长。

贝尔纳多对共和主义拥有独特见解。就像我们在他的朋友、新柏拉图主义者、曾任美第奇政权要职的巴尔托罗米奥·斯卡拉（Bartolomeo

Scala）的记录中所看到的①，贝尔纳多是一名对美第奇家族统治持消极态度的共和主义者。在与贝尔纳多的私人谈话中，斯卡拉指出，法律是随着时代与形势的变化而变化的，因此一位能够掌握这种变化的审慎君主的统治，要比其他任何一种统治形式都好。而贝尔纳多从共和主义的立场出发进行了反驳。一方面"依靠一位君主的统治不如依靠人民制定的法律进行统治"②，另一方面"美第奇家族的统治因为无节制的支配欲会沦落为僭主政体"③。也许马基雅维利的共和主义思想正是在父亲的影响下形成的。

但是，阻挡贝尔纳多从政的并非只是堂兄的死亡与美第奇家族的得势，个人的财政状况也导致他无法担任公职或者参与选举。他的名字被市政府公示为"负债者"（specchio），在这种状况下，不要说从政，就连公证人的活动也颇受限制。④虽然努力去补缴滞纳的税款，但是他却无力追赶每年债务增长的步伐。他从叔父那里幸运地得到了山庄等遗产，但是随之而来的债务偿还要求却让他焦头烂额。贝尔纳多的债务窘境甚至影响到了若干年后的马基雅维利。他的政敌们用家庭负债来搬弄是非，说马基雅维利没有参选资格。也许我们可以认为，马基雅维利经常提到的"穷困"就是指这个情况而言的。

人文主义者的教育

贝尔纳多对于人文学科的热情广为人知。他非常热衷于买书，或

---

① Bartolomeo Scala, "De Legibus et Iudiciis Dialogus", in *Bartolomeo Scala*, *Humanistic and Political Writings*, edited by Alison Brown (Tempe, AZ: Arizona State University, 1997), 338–364.

② Bartolomeo Scala, "De Legibus et Iudiciis Dialogus", in *Bartolomeo Scala*, *Humanistic and Political Writings*, edited by Alison Brown (Tempe, AZ: Arizona State University, 1997), 354.

③ Bartolomeo Scala, "De Legibus et Iudiciis Dialogus", in *Bartolomeo Scala*, *Humanistic and Political Writings*, edited by Alison Brown (Tempe, AZ: Arizona State University, 1997), 359.

④ Catherine Atkinson, *Debts*, *Dowries*, *Donkeys* (Frankfurt: Peter Lang, 2002), 43.

者通过种种渠道获得图书。他最关注的领域首先是法律学。他虽然没有作为法律专家进行活动，但是他的家族却出现过两位佛罗伦萨大学法学教授，从这个背景来看，他关注法学也毫不奇怪。但是需要注意的是，他不仅仅关注法学的争论，还拥有包括罗马法在内的法律知识。也就是说，他不仅能够参与那些只有拥有人文素养的人才能进行的对话，还能够超越一般人文学科爱好者的水平，进入专家研究的领域。他通过借书的方式来反复阅读，如果喜欢的话，想方设法也要买下来。而且，可能的话，他还会在威尼斯购买印刷的书。因此，1475年，他通过制作地名索引，经过十年的等待，终于得到了装订成书的李维的《罗马史》（*Ab Urbe Condita*）。这成了一桩奇闻轶事。

父亲对于人文学的热情直接影响了对马基雅维利的教育。从 7 岁开始，马基雅维利就向马泰奥（Maestro Matteo）学习拉丁文。第二年，开始向波比（Battista da Poppi）学习文法。几年后，又开始向当时的著名学者兰迪诺（Cristoforo Landino）的同事——隆溪里翁（Pagolo Sasso da Ronciglione）学习人文学。① 对于马基雅维利是否接受过大学教育，学界一直存在争议。贝尔纳多的《回忆录》中也没有关于这件事的明确记载，并且马基雅维利著述的文体与形式和当时受过大学教育的人文主义者截然不同。按照一般的推测，马基雅维利应该在佛罗伦萨大学的前身——佛罗伦萨学堂（Io Studio Fiorentino）学习过，但是与受过正规大学教育的人不同，他不会阅读希腊语。

从结果来看，马基雅维利与名门望族子弟稍有不同的人文学背景是相对有利的。他绝对不是一个因为不懂希腊语遭受慢待就灰心丧气

---

① Bernardo Machiavelli, *Libro di Ricordi*, cura di Cesare Olschki（Firenze：F. LeMonnier, 1954），31 – 138.

的人，也不是一个因为没有学历背景就自暴自弃的人。因此，他的奇思妙想不会受到条条框框的束缚，也不会让自己的批判在毫无必要的思想派别中畏首畏尾。特别是他尽情发挥了从母亲那里继承来的诗人才气，他的诗不仅受到了看重他的人的赞赏，也得到了大众的喜爱。他的第一首诗《十年纪》就取得了不同凡响的成功。他还在狱中作过十四行诗（Sonetto），打算献给朱利亚诺·美第奇，期待用诗来拯救自己。

> 我希望，但这希望增加了苦恼：
> 我哭泣，但这哭泣喂养着悲惨的心：
> 我欢笑，但这欢笑没有走进心灵：
> 我激动，但这激动在外表毫无显现：
> 我的所见我的所闻全让我害怕；
> 每一件事情都给了我新的痛苦；
> 就这样希望、哭泣、欢笑、激动着，
> 而我却惧怕我听到我看到的一切。
>
> ——《八行短诗》（一）

正如最杰出的马基雅维利传记作家、学者罗伯托·里多尔夫（Roberto Ridolfi）所说，马基雅维利的诗歌想象力让他超越了人文主义素养。"人文主义之子，但却是一个不再回头的浪子。他在学问上完全不同于人文主义者们，精神上更甚。"[1] 相信不会有太多的人对这个说法表示异议。因为诗人气质背后的创造性想象，在他的公职生活

---

[1]　Roberto Ridolfi, *Vita di Niccolò Machiavelli* (Roma: Angelo Belardetti Editore, 1954), 202.

和著述活动中都不断地呈现出来。

喜剧式的写作

马基雅维利的文字，比诗歌更富有诗意。有几位学者还称之为"神赐文笔"（divina prosa）。但如果这种称赞只是针对他的修辞技巧与有说服力的雄辩，那么与其说是赞美，不如说是一种贬低。因为我们在他的外交文书中能看到他那简洁明了的叙述，议论中把握人类心理的同时，又留有哲学反思的余地。这些都不能用诗歌的感动来简化描述，因为这需要建筑家的卓越构思能力，还需要教育家的审慎选择能力。他在别人视而不见的地方拿出勇气，在别人小心翼翼的地方挺身而出，在别人滔滔雄辩的地方沉默不语。这一切都使人们陷入重重谜团。

> 喜剧的目的是给生活照上一面镜子，用一些谑而不虐的话博得人的笑声，让大家欢欢喜喜来看戏，还能从戏里看出一些道理深意。
>
> ——《关于语言的对话》

如上所述，马基雅维利并不希望自己的文字像谜一样留给世人，或陷入哲学的苦恼。他的文字如同喜剧一样，让人类的缺陷与生命的断面原原本本地展示出来，让对方嘲笑自己是"像傻瓜一样的家伙"。然后，他让观众或读者环顾四周。也许那些认为"政治是肮脏的"的人，本来就不是他的读者。也许那些不关心政治的人，他原本就没有苦心说服的想法。而那些认为"政治从一开始就是丑恶的"，但还是决心主动走进这个泥潭，就算满身污垢也要通过政治来实现新的希望的人，是马基雅维利的观众与读者。

所以，马基雅维利的文字也许不是"神赐文笔"，而是"诗人创作的喜剧"。与苏格拉底相比，他更接近索福克勒斯；与柏拉图相比，他更接近亚里士多德。他并不希望通过对人类缺陷的觉悟来寻求永恒真理，而是像诗人一样通过生命的矛盾来教导听众，他希望这样的时代能够到来。他不认为诗人是那种夸夸其谈自己也不懂的东西的人，他认为诗人是一种构建"可能性美学"的存在，能够在追求永恒的哲学和谈论现实的政治之间架起沟通的桥梁。

二 绝望中的希望

> 但是在共和国里，就有一种较强的生命力，较大的仇恨和较切的复仇心。他们缅怀过去的自由，就不平静，而且也不能够平静下来。因此，最稳妥的办法就是把他们消灭掉，或者驻在那里。
>
> ——《君主论》第五章

但是，由于对这些体制，要么必须在它们被发现不再好的时候一下子全部进行革新，要么在所有人都认为它们不再好之前一点一点地进行改革，所以我说，这两件事都几乎是不可能的。因为如果想一点一点地改革这些体制，其发起人必须是一个对这种弊端早有远见，甚至在它初现端倪时就预见到它的审慎之人。在一个城邦里极有可能永远不会出现这种类型的人，即便他真的出现了，也绝不可能使其他人相信他自己所知晓的事情；因为习惯于按照某种模式生活的人们不希望改变这种模式，当他们没有目睹这种弊端，而必须通过预兆向他们表明它的时候，就更是如此。

——《李维史论》第一卷第十八章

担任公职之前

1498 年 3 月 9 日，马基雅维利给当时在教皇国担任大使的里恰尔多·贝基（Ricciardo Becchi）写了一封信。贝基从 1496 年就开始公开批评萨伏那洛拉，是反萨伏那洛拉派的代表人物。他非常想知道萨伏那洛拉被罗马教会驱逐之后，在圣马可教堂重新开始布道的内容。因此，委托马基雅维利尽可能地把相关内容完整地告诉他。从当时围绕萨伏那洛拉展开的佛罗伦萨朋党对立来看，贝基就算不属于争取美第奇家族回归的"灰色派"（bigi），至少也属于对萨伏那洛拉过度干涉政治不满的"愤怒派"（arrabbiati），或者对民众派抱有敌意的"贵族派"（compagnacci）（亦可直译为"同志派"）。

就在不久之前，佛罗伦萨公民都会毫不迟疑地称自己为"痛哭派"（piagnonoi）或"兄弟派"（frateschi）。前者指那些感动于萨伏那洛拉的布道而流下悔改泪水的人，后者指那些追随"兄弟"（frate）的人。这些人占据着政府的重要职位与主要委员会，通过年轻人的街头集体行动让佛罗伦萨饱受宗教戒律与道德训诫的折磨。但是从 1498 年开始，萨伏那洛拉的影响力显著下降。在他监管下的政府利用权力恣意妄为，公民也对过分的禁欲要求感到厌烦，甚至他信任的法国也从意大利撤出。3 月 1 日，就连行政机构政务委员会（Signoria）也屈服于教皇的压力。针对这种状况，萨伏那洛拉还是通过布道来显耀自己追随者的数量，试图证明自己在政治上的存在。

对于这样的萨伏那洛拉，马基雅维利进行了非常猛烈的批判。虽然这是夹杂着玩笑话的私人信件，但他还是说萨伏那洛拉"借助潮流，编造谎言"（viene secondado e tempi, et le sua bugie colorendo），这一表述与他日后在《君主论》和《李维史论》中表达的观点大同小异。[1] 马基雅维利从政治角度彻底审视了萨伏那洛拉的宗教行为，将其要求的恢复信仰理解为，通过宗教进行的宗派斗争。他认为，萨伏那洛拉想和其他政治家一样集合自己的政治势力，但却把宗教摆在首位，用不必要的东西来代替公民的政治议题。他的贡献不过是让人们知道了宗教在政治上到底能发挥多大的能量。

马基雅维利在 1498 年 2 月的选举中，败给了萨伏那洛拉的追随者米格利欧罗迪（Antonio Migliorotti）。失败的主要原因是，马基雅维利作为"愤怒派"而广为人知，与萨伏那洛拉的追随者刻意保持一定的距离。因此，在 1498 年 6 月萨伏那洛拉失势以后进行的选举中，他获得胜利也是理所当然的。他在竞选第二秘书厅的秘书长职务时，反萨伏那洛拉的经历起到了积极的作用。他前后两次获得 80 人委员会的提名，到底是通过谁的推荐而得以实现，至今仍是一个未解之谜。父亲与人文主义者的交往，马基雅维利自己的人际关系，在佛罗伦萨知识分子中广受认可的才能，这些原因虽然都有可能，但是无法通过确凿的证据加以证明。但是，他不是萨伏那洛拉的追随者，也不属于某个特定的党派，可以充分推测这两个因素起到了正面的作用。

公职生活

1437 年成立的第二秘书厅主要负责决策机构——政务委员会的预算执行等国内问题，但是因为需要负责支付雇佣兵首领的薪水，所以

---

① Lettere, *A Ricciardo Becchi*, 9 marzo, 1498.

与负责外交的第一秘书厅在主管事务上多有重叠。特别是，马基雅维利撰写外交文书的能力、简洁扼要地报告复杂情况的能力远近闻名。因此，他在被选为第二秘书厅秘书长的几个月后，又兼任了管理战争事务的十人委员会的秘书长。这样，马基雅维利就在萨伏那洛拉没落之后建立起来的共和国中负责处理外交和战争事务。

实际上，马基雅维利在外交领域的表现最引人注目。当时比萨（Pisa）地区趁查理八世入侵意大利引发混乱之机宣布独立，马基雅维利正是在处理这个事件的过程中崭露头角。对于没有港口的佛罗伦萨来说，与比萨这种要塞地区的战争关系着生死存亡。这时，马基雅维利基于冷静而审慎的判断做出的报告，获得了佛罗伦萨共和国最高领导者皮耶罗·索德里尼的极大信任。但是，由于雇佣兵首领的背信弃义和法国等强国的利益计算，他的外交活动不免大受影响。

> 因为权势和眼前的利益遮蔽了他们的眼睛，只考虑谁的武力雄厚，谁打算一掷千金。
>
> ——《政务委员会报告》1500 年 8 月 27 日

据信由马基雅维利撰写的 8 月 29 日报告中，他指出无法再通过修辞与雄辩来说服法国了。法国国王指责佛罗伦萨在进攻比萨时不支付军费，而佛罗伦萨政府已经无力继续支付法国的费用。因此，法国宫廷中已经没有任何人愿意听佛罗伦萨外交官的游说。在这个过程中，马基雅维利深切感受到弱小国家的悲哀。他领悟到，没有力量的弱国绝对无法与对方进行实质性合作。

沉浸在这种悲哀之中的马基雅维利，在 1502 年遇见了能够挽救意大利城市国家命运的人——切萨雷·博尔吉亚（Cesare Borgia）。博尔吉亚在法国路易十二的支持下席卷了意大利中部地区。为了摸清他对佛罗伦萨的态度，马基雅维利被派去与他见面。通过这个机会，他发现博尔吉亚与那些残酷鲁莽的雇佣兵首领大不相同，他会为了达成目的而适当地使用残酷手段。他那令人生畏的冷静态度让马基雅维利甚为叹服，也让马基雅维利看到希望，认为这种人可以代替使意大利陷入分裂状态的教会势力。但是，1503 年教皇亚历山大六世突然死亡，通过两次选举成功当选为教皇的尤里乌斯二世用狡猾的手段笼络住了博尔吉亚。因此，马基雅维利的期待最终化为泡影。

这时，马基雅维利强烈地意识到了建立民兵队的必要性。在他的努力之下，终于在 1506 年建立起佛罗伦萨民兵队。以这支民兵队为主干的佛罗伦萨军队在 1509 年收复了比萨，这场战役的胜利使马基雅维利感受到了生平最大的快乐。通过《用兵之道》中他对法布里奇奥的回答，可以再次感受到他的喜悦之情。

> 首先，关于民兵无用论，我对你说，没有军队比自己［组织公民］建立的更有用，除非通过这种方式，否则就不可能把自己的军队真正组织起来。这是无可争辩的。我不想在它上面再浪费时间，因为所有古代史例都让我们看到了这一点。
>
> ——《用兵之道》第一卷

但是，此后马基雅维利的政治生涯和佛罗伦萨共和国一样，在强国的夹缝中逐渐走向没落。成为新教皇的尤里乌斯二世不断扩张自己的势力范围，法国路易十二感到威胁，与教皇之间的矛盾日渐激化，从而使意大利半岛上空战云密布。

最终，1512 年教皇与威尼斯、西班牙联合起来对法国发动战争。

4 月 11 日，法军在拉文纳战斗中失去了总司令之后，不得不开始撤退。此后，一直依靠法国势力的佛罗伦萨共和国马上陷入了困境，这时美第奇家族已经开始着手回归佛罗伦萨。8 月，佛罗伦萨的领地普拉托遭到西班牙军队的蹂躏。在教皇的指示与西班牙军队的支援下，美第奇的军队连续击败了佛罗伦萨民兵队。9 月，亲美第奇家族势力发动政变，佛罗伦萨共和国随之瓦解。皮耶罗·索德里尼辞职后走上了流亡之路，马基雅维利也在 11 月被罢免并被逐出佛罗伦萨。因为卷入 1513 年未遂的反美第奇阴谋当中，马基雅维利的处境更是雪上加霜。那年，他刚满 44 岁。

公职生涯结束之后

1513 年之后，马基雅维利与自己所热爱的政治生活完全无缘了。因此，他把这段时间描写为"失去一切后"（post res perditas）①。其实，他原本就一无所有，只是个工作狂。在过去的十四年间，他为了佛罗伦萨公民的自由而不知疲倦地东奔西走，从未通过公职生活谋求增加个人财产，或扩展政治人脉。他的热情招致了同僚的猜忌，他在作为外交官被派往教皇国时，又刻意与美第奇家族保持距离，这一切都让他离开公职之后的生活充满了痛苦与挫折。贵族们对皮耶罗·索德里尼的仇恨也让马基雅维利不可能再有机会重返政界。

流亡中的皮耶罗·索德里尼曾经建议马基雅维利出任拉古萨共和国的秘书长，1521 年雇佣兵首领克罗那（Prospero Colonna）也曾愿意以远远超过第二秘书厅秘书长的薪水邀请马基雅维利担任要职，但是他拒绝了除佛罗伦萨以外的其他地区的所有邀请。与之形成鲜明对比

---

① Roberto Ridolfi, *Vita di Niccolò Machiavelli* (Roma: Angelo Belardetti Editore, 1954), 202.

的是，他接受了后来成为教皇克莱门特七世（Pope Clement Ⅶ）的红衣主教朱利奥·德·美第奇（Giulio dé Medici）的建议，着手撰写佛罗伦萨的历史，还愉快地接受了一个委员会秘书长的职务，虽然这不过是一个负责佛罗伦萨城墙防御的微不足道的委员会。但是，1527年趁西班牙攻陷罗马之际而成立的佛罗伦萨共和国，却因为这件事而对马基雅维利的爱国之情产生怀疑。

> 他活着的时候，成就不亚于亚历山大的父亲马其顿的腓力或罗马的西庇阿，他死于与他们同样的年纪；所以，如果他的祖国不是卢卡，而是马其顿或罗马的话，那么他无疑会比他们更加出色。
>
> ——《卡斯特鲁乔·卡斯特拉卡尼传》

1527年佛罗伦萨共和国复活，因为美第奇家族的缘故，马基雅维利被排除在公职选举之外，而他也在这个时候因病溘然长逝。也许就在他的神话人物卡斯特鲁乔去世的年纪，也就是他被完全排除在公职之外的44岁那年，马基雅维利就已经死去了。因为对于他来说，为公民自由而奋斗，以及"政治生活"（vivero politico）就是"一切"。

三　马基雅维利的沉默

> 一段时期以来，我从不说出我所相信的，也从不相信我所说的。如果某些时刻我的确讲了真话，我也会将它隐藏在众多谎言里，以至于它难以被发现。
>
> ——《马基雅维利致弗朗切斯科·圭恰迪尼》1521年5月17日

啊！命运女神，你是女人，通常你是年轻人的朋友。（O Fortuna, tu suòi pure, sendo donna, essere amica de'giovani.）

——《克莉齐娅》第四章第一节

马基雅维利老师

马基雅维利在写给弟子的书中，对哪些部分、哪些事实保持了沉默十分耐人寻味。如果一个人作为老师，接受弟子们的请求而撰写著作，要求弟子们拿出时间来阅读这本书，并且相信他们有潜力成为自己梦想的共和国领袖，那么他试图通过沉默传达的内容，可能不亚于他明确表达出来的。

在这个背景下，马基雅维利在《李维史论》中对于"革命"（revoluzione）的沉默具有多重含义。更准确地说，他根本就没有使用"革命"这个词。但是，这并不意味着他在书中没有涉及革命的旋涡或政治的剧变。在《李维史论》中，马基雅维利比任何人都更加详细地说明了集体起义与政治体制的变化。只不过在涉及这些政治剧变时，马基雅维利有意识地避免使用"revoluzione"一词。代之以"骚乱"（tumulto）、"革新"（novità）、"政体变化"（mutazione）、"起义"（ribellione）、"改革"（rinnvazione）和"阴谋"（congiura）等词汇来描述革命性事件。

有人主张，"revoluzione"指的是天体每年运行回到原来的位置。但是学界普遍认为，这个词从 16 世纪文艺复兴时期开始，指的就是通过暴力手段、集体起义来颠覆既有的政治秩序，或类似的政治剧变。实际上，从 14 世纪开始，人们就经常在政治的意义上使用"revoluzione"这个词，马基雅维利本人也在《君主论》中使用"revoluzione"来描述当时发生在意大利的诸多政治变动。① 那么，马基雅维利为什么在《李维史论》中刻意回避"革命"这个词？在献给弟子的这本书中回避这个词的理由又是什么？

青年与僭主

这里，我们有必要关注作为老师的马基雅维利，特别需要注意的是，他如何看待自己为之献书的弟子们。首先，他的弟子可以归为有着支配欲的"贵族"（i grandi）一类。众所周知，马基雅维利将社会分为两个集团，并且用心理学上的气质（umore）来形容各个集团的政治倾向。一个是具有支配欲的贵族（i grandi），另一个是具有不受支配欲求的人民（il populo）。② 贵族具有支配欲的气质，就像永无止境的野心，永远都无法得到满足；至于人民不愿受支配的气质，当他们从他人的恣意意志中解放出来，并且自己能够决定自己未来的时候，他们就能够得到满足。

他认为，即使人民发动骚乱，也是因为贵族的傲慢促使人民对自由的渴望转变成对支配的渴望。③ 同时，马基雅维利将这种与奴隶状态相对立的人民气质称为自由（libertà），并相信通过人民的自由来牵制贵族野心的政治秩序就是共和国。从这个分类标准来看，马基雅维利献书的读者科西莫·鲁切拉伊（Cosimo Rucillai）与扎诺比·布昂德尔蒙蒂（Zanobi Buondelmonti）都属于贵族。因为他们两个人都是佛罗伦萨具有代表性的名门子弟。

另外，对马基雅维利来说，他的弟子们也是"大众政客"（popo-

① *Principe* 26.（14）.

② *Principe* 9.（2）；*Discorsi* 1.4.（5）.

③ *Discorsi* 1.4.（9）.

lari)。马基雅维利定义的"大众政客"是指为人民利益代言的大众领导者。特别是，在马基雅维利的脑海中，大众政客就是指执掌罗马共和国十人委员会的阿庇乌斯（Appius Claudius）及其朋友们。阿庇乌斯以代表人民利益为由，延长了十人委员会的任期，打破了贵族的幻想，推荐了自己连任。① 马基雅维利将阿庇乌斯的狡诈和法比乌斯（Quintus Fabius）的腐败视为大众政客的典型，前者在达成目的后就突然变成人民的公敌，后者在阿庇乌斯的邪恶熏染下，失去了卓越与善良的品性。

特别是在提到阿庇乌斯以大众政客（uomo popolare）的名义行动时，② 马基雅维利有意针对的是那些参与奥里切拉里花园（Orti Oricellari）聚会的名门子弟。他甚至用一种不存在的复数用法——"领导者们"（principi）来表达自己对弟子们的期望，这足以看出他的良苦用心。也就是说，在他看来，他的弟子属于大众政客。因为有着支配的欲望，所以拥有共同的贵族气质。但是，他们的地位有可能作为人民，也有可能作为贵族。既有可能为人民的利益代言，也有可能去支持限制大众政治参与的贵族政府。③

作为一名老师，马基雅维利也许不得不对革命保持沉默。马基雅维利看到人类社会的分歧和冲突不可避免，但是他相信，如果能够通过制度很好地处理这些冲突，那么就有望实现人民的自由与共和国的伟大。对于马基雅维利来说，实现这个愿望的最佳方法并非革命。如果他所期待的是革命式僭主的出现，那么也就没有必要对革命保持沉默了。因为，他强调说，只有针对那种彻底腐败的共和国进行的改

---

① *Discorsi* 1. 42.
② *Discorsi* 1. 43.
③ *Discorsi* 1. 41.

革，才需要行使一人（uno solo）的帝王式权力（podestà regia），或者只在君主政体中才能看到的政治权力。① 但是，佛罗伦萨并非彻底腐败的共和国，也不是因为极端不平等，除了君主制以外就无法建立任何制度的城市。佛罗伦萨也不同于罗马共和国，佛罗伦萨的政治环境是，贵族和人民处于一种以消灭对方为目的对立状况，就算是借助外国军队、拥立僭主也要将敌方除之而后快。② 这种情况下，面对满腔热情的、被认为是大众政客和潜在大众领导者的弟子们，使用革命这个词是相当危险的。即使这般谨慎，以扎诺比为首的奥里切拉里花园青年人们最终也未能避免被牵连反美第奇的未遂阴谋当中。

"民主的"领导力

马基雅维利想要通过沉默教给他的弟子什么呢？答曰：民主的领导力。所谓民主的领导力，并不只是代表人民利益的能力，还包括一种将人民和贵族都考虑在内的纵观全局的领导力。与其说是各阶层之间的共存，不如说是一种领导者的洞察力，可以认识到人民参与政治的时代重要性。一般来说，人们认为，马基雅维利的政治改革蓝图暗含着杀害僭主、抵御外来侵略的阴谋，在制度上建立实现内部稳定的混合政体、外部称霸的帝国式共和国。即使君主权力和革命僭主并非马基雅维利的解决方案，他对于民主领导力的讨论也是非常有意义的。

事实上，民主领导力才是最重要的主题。特别是，佛罗伦萨的贵族和人民之间的对立虽然与罗马共和国的情况类似，但却产生了完全

---

① *Discorsi* 1. 17 & 1. 18.

② *Istorie Fiorentine*, 3. 1.

不同的结果，马基雅维利亲身经历了整个过程。他梦想着允许人民广泛参与政治的罗马共和国能够重现，但由于领导者的无能，他只能无奈地接受现实中的挫败。在这个背景下，马基雅维利对革命的沉默是一把钥匙，让我们能够找到一种有别于革命僭主和君主权力的新型领导力。

马基雅维利对格拉古兄弟的评价，与他的沉默直接相关。马基雅维利承认，格拉古兄弟恢复土地法激化了人民与贵族之间的矛盾，这标志着格拉古兄弟的统治开始陷入混乱。但是，格拉古兄弟看到罗马共和国的问题，已经到了不采取特别措施就无法解决的地步，对于格拉古兄弟的意图，马基雅维利还是毫不迟疑地表示支持。[①] 当时人文主义者一般都认为格拉古兄弟是在贪欲的驱使下进行的改革，相比之下，马基雅维利的评价则宽容得多。人们之所以对格拉古兄弟产生这样的负面评价，源于他们为给人民赋予更多的参政机会而扩大公民权一事。从这一点也可以看出，马基雅维利对于人文主义者的争论内容并没有什么兴趣。

马基雅维利关注的是格拉古兄弟不审慎的处事方式，无视"公民的方式与习惯"（ogni modo e costume civile），推行"错误的政策"（partito male considerato）。[②] 更直接地说，作为共和国的人民代言人，本应害怕僭主的出现，却试图通过僭主获取权力的方法来解决问题，从而导致人民和贵族最终都希望通过武力来解决问题。

相反，《李维史论》第一卷第四十七章的帕库维乌斯（Pacuvius）是佛罗伦萨需要的领导者典范。这里，马基雅维利对帕库维乌斯用欺

---

① *Discorsi* 1. 37.

② *Discorsi* 1. 37. （27）.

诈的手段骗取人民的支持而掌握权力的行为保持了沉默。如果马基雅维利完全依赖李维《罗马史》的记载，他就会将帕库维乌斯描述为和十人委员会的阿庇乌斯一样聪明又邪恶的人物。[①] 但是，对马基雅维利来说，帕库维乌斯是一个能够看到宏观格局的卓越领导者。也就是说，帕库维乌斯既是一个能够感知到卡普亚（Capua）内外危机——内有四处蔓延的革命气氛，外有虎视眈眈的汉尼拔——的审慎领导者，又是一个能够化解贵族与平民之间矛盾的大众政客。马基雅维利揭示出人民的愤怒带来的危险不亚于人民的自由带来的光荣，他告诉贵族子弟，人民才是新时代的主人。同时，他还强调了帕库维乌斯首先让贵族认识到了革命的危险性而获得他们的支持，随后又引导人民接受与贵族共存的主张。

综合马基雅维利有关民主式领导的论述来看，其中最重要的是通过分歧进行合作的能力，也就是通过分歧来设计新制度的审慎的领导能力。如果把分歧过分地局限在法律的框架内，就会导致政治体制的僵化，否认分歧的存在，或者无法通过分歧来适应变化。因此，马基雅维利期待的是"通过分歧实现制度化"，为此他不仅强调公民自由，还强调审慎的领导力。因为，一个制度越是依赖人民的积极政治参与，越是积极接受人民的政治要求，人民意志产生的随机要求与人民对一个好的统治（good governance）的要求之间就会存在越多的冲突。

"在一切结束之前"

作为一名老师，马基雅维利看起来既欢喜又忧愁。如果说马基雅

[①] Livy, *Ab Urbe Condita*, in *Livy* Vol. 6, edited by Frank Gardner Moore (Cambridge, MA: Harvard University Press, 1952), 23.2.

维利的微笑是前者的表现，那么他的沉默就意味着后者。比起向软弱的君主传授勇猛刚毅，保持沉默则需要更多的智慧，充满血气和野心的弟子们也许很难理解老师通过沉默想要表达的深意。

马基雅维利的沉默对于我们今天的生活也许更有必要。因为，我们的日常生活变得和佛罗伦萨非常相似，佛罗伦萨在美第奇家族被逐出之后就一直陷于跌宕起伏的危机之中。在现代社会中，个人为了减轻对未来不确定性的焦虑而做出的努力却反而适得其反；大众政客无视公民日常生活中的焦虑，坚持自己的道德理念，在广场和长廊中夸夸其谈。在这样的环境下，人们认为民主是无能的、无效率的，这一切都和生活在那个时代的马基雅维利保持沉默的原因相似。

马基雅维利称这样的时代为"野心召唤放纵"（una certa licetza ambiziosa）。在这样一个混乱的时代，马基雅维利选择沉默作为自己的修辞方式。因为在这样一个时代，他看到经常会出现以人民的名义获得人民的支持后却夺取人民自由的僭主。引起混乱的恶（male），就是那些渴望成为罗马共和国的恺撒与佛罗伦萨的卡西莫·美第奇这类僭主的人，当然也包括他的弟子。

在这种环境中，无论是梦想通过即时性的结社实现某种新型民主，还是通过危机管理的精选模式来理解政治，或者认为以实用之名来适应变化才是判断政治成就的标准，这些都是不够审慎的处理方式。当人们认为不可能再通过民主体制来解决不确定性的时候，就有必要思考更可欲的民主模式，讨论如何能够培养民主的公民身份，共同面对社会和政治危险，以及能够调解矛盾冲突的民主式领导的内容。"在一切结束之前"（ante res perditas），我们的时代需要以沉默教授民主式领导的马基雅维利式的智慧。

第三章　马基雅维利的挑战

　　这里没有人记得我的公职生活，也没有人相信我在任何事情上会有用处。但这样下去毕竟不是长久之计，我在一天天衰朽。我能想见，若上帝不加倍垂怜我，总有一天我会被迫离开家门，去给某个长官当幕友，若别的事我干不了的话，就到某个偏远的地方教小孩子读书，留下我的家人在这里，让他们以为我死了。

　　——《马基雅维利致弗朗切斯科·韦托里》1514 年 6 月 10 日

　　但是，请相信我，我们都是受命运之驱使。过去几天，我读了蓬塔诺（Giovanni Pontano）的《论命运》一书，最近刚出版的，他要把它献给伟大的贡萨洛。他在书里清楚地证明，当命运不济时，无论天赋、眼光、毅力，还是别的德性，全都没有用处。我们在罗马每天都能看到这一点的证据。我们知道，有些出身微贱、目不识丁、毫无天分的人，却占据高位。但必须接受这个现实，尤其是您，知悉邪恶、饱经忧患，就更应当接受。上帝会终结这一切的。

　　——《弗朗切斯科·韦托里致马基雅维利》1514 年 12 月 15 日

　　所以，正如我上面说过的，君主为保存自己的国家，往往被迫做不好的事情。因为，为了保持自己的地位，你需要一些人的帮助，可是他们——无论他们是民众、军队还是贵族——一旦腐化堕落，你就得投其所好奉迎他们，于是你便与善行背道而驰了。

——《君主论》第十九章

　　因此，对于在那些古代人民比现今这个时期更加热爱自由，通过考虑这缘何能够产生，我认为其原因与那个造成现在的人不如古时坚强的原因是相同的，这个原因在我看来就是：我们的教育与古代有差异，而这种差异是基于我们的宗教与古代的差异。因为，我们的宗教既已向我们指明了真理和真正的道路，便使我们不那么重视世俗的荣誉；而异教徒很重视这种荣誉，并已经相信这是他们的至善之所在，因此他们在战斗中更加勇猛好战。

——《李维史论》第二卷第二章

　　如前所述，马基雅维利试图用自己的想法来代替当时的主导性观念。具体说来，他想要取代两种主流观点，一个是苏格拉底以来对"好生活"的哲学忠告，另一个是支配着公民意识的罗马教会的宗教信条。实际上，前者主宰着人文主义传统中的知识分子的言论，后者虽然看上去软弱无力，但在公民的日常生活中发挥着重要的影响力。这两种思想都在"道德"的名义下规定着政治生活。哲学讨论已经沦为贵族们维持现状的政治修辞，宗教信条也堕落为罗马教会维持存续的手段。

　　当然，人们也常常看到，马基雅维利有关信仰的只言片语，与他政治思想的反基督教特征不相吻合。从现存的一些信件中可以看出，实际上他也是一个希望得到"神"的恩典的可怜人。作为一个在绝望中祈求"神助"的人，他也依赖着"神"（Dio）与"命运女神"（Fortuna）。那些无法帮助他的朋友们，也像韦托里一样用"命运"（fato）、"运气"（sorte）来安慰他。

但是，马基雅维利献给乔万·巴蒂斯塔·索德里尼（Giovan Battista Soderini）的《论命运》（*Capitolo di fortuna*）可能永远也不能表达他在1512年后经历的苦难。当然，善变、残酷、暴力的女神如何彻底改变一个人的命运，人们如何在女神掌管的命运车轮下为实现自己的愿望而挣扎，马基雅维利在《君主论》和《李维史论》中都做了描述。[①] 但是，我们无法知道，马基雅维利是不是对他被逐出公职以后经历的苦难，和他在公职生活中遭遇的阻碍，做出了同样的描述。也许，复杂的诗歌表现、三行诗的诙谐与感性根本无法表现他对命运的期待与失望。

因此，在马基雅维利寻求政治行动的修辞策略中，无论是"神"还是"命运女神"都不是拥有超能力或永恒力量的实体。他们虽然位居"高处"（su la cima），似乎能够左右人类吉凶祸福，但却不能用其全知全能的神性来践踏人类。虽然具有不确定、无法预测的特点，有可能令人非常痛苦。但如果某人勤于捕捉机会的话，总有一天会使局势发生反转。而且，如果拿出年轻人的魄力全力以赴，就能改变命运。况且，如果说人的本性不会随着潮流而改变，那么与其依靠无法预测的命运，还不如勇敢地去面对。

---

① *Capitolo di fortuna*, 58–63.

毫无疑问，当君主克服了种种困难和敌人的反抗时，就会成为伟大的君主。因此，当命运女神特别想要把一位新君主造就成伟大人物的时候（因为新君主比世袭君主更需要获得盛名），就会给他树立敌人，让那些敌人策谋反对他。这样，他就有理由战胜他们，并且顺着敌人给他搬来的梯子步步高升。

——《君主论》第二十章

马基雅维利在《君主论》中特别谈到了，为了立即引发政治行动，需要积极发起对"命运"的挑战。《李维史论》在"审慎"（prudenza）的框架下，再次运用了这种修辞手法。

考虑古今事务的人很容易认识到，所有城邦和所有民族，都有着相同的欲望和相同的脾性，并且它们总是如此。因此，对于认真地研究过去的事务的人来说，很容易预见每个共和国的未来，并为之准备古人们曾使用过的那些补救办法；或者，如果找不到那些用过的方法，也很容易根据事件之间的相似性而想出新的方法。

——《李维史论》第一卷第三十九章

马基雅维利当然不会相信所有事情都可以预测。而且，他也不认为自己拥有科学意义上的知识。相反，他迫切想要表达的信念是，"无法预料的命运是能够被征服的"。因为如果没有这样的信念，无论是解放意大利还是摆脱自身的痛苦，都是不可能的。

由此可见，马基雅维利的政治哲学不能简单化为命运（Fortuna）、德行（Virtù）和必然性（Necessità）的相互关系。他的形而上学认识论也不能用占星术规则或心理学观察来代替。在人的命运中，审慎（prudenzia）与能力一样重要，这里的审慎并非顺应潮流（tempi），而是自己开创有利局面的勇敢（audacia）。因此，他在《君主论》中指出，现在是一个需要摩西的时代，需要摩西来拯救被奴役的以色列。他在《李维史论》中指出，现在需要的领导者是那种能够制定"法律"，保证所有人必须遵循"必然性"，还能让人民接受"必然性"的人。因此，传统上对命运、德行、必然性三者微妙组合的理解方式，不得不进行修正了。

一　命运女神与男子气概

> 我不是不知道，有许多人向来认为，而且现在仍然认为，世界上的事情是由命运女神和上帝支配的，以至人们运用审慎亦不能加以改变，并且丝毫不能加以补救；因此他们断定，在人世事务上辛劳是没有用的，不如让事情听从命运的支配。
>
> ——《君主论》第二十五章

> 上帝不包办一切，这样就不至于把我们的自由意志和应该属于我们的一部分光荣夺去。
>
> ——《君主论》第二十六章

> 我确实认为是这样：以雷霆万钧之势行事胜于小心谨慎，因为命运之神是一个女子，你想要压倒她，就必须打她，冲击她。人们可以看到，她宁愿让那样行动的人们去征服她，胜过那些冷

冰冰地进行工作的人们。因此，正如女子一样，命运常常是青年人的朋友，因为他们在小心谨慎方面较差，但是比较凶猛，而且能够更加大胆地制服她。

——《君主论》第二十五章

"运七技三"与"时代精神"

有这样两个词，分别是"运七技三"和"时代精神"（Zeitgeist）。前者出自中国清代小说家蒲松龄的《聊斋志异》，说的是人的成功三分靠努力，七分靠运气。后者出自黑格尔的《历史哲学》（*Vorlesungen über die Philosophie der Weltgeschichte*），指的是生活在某一时代的人们通常会有一种普遍渴望的精神倾向。[①] 从字面上来看，这两个词似乎毫无瓜葛。但是，在马基雅维利看来，这两个词只是同一种政治态度的不同表现形式。

这两个词都包含着宿命论或决定论的观点。"运七技三"虽然可以理解为，在未来不确定的情况下需要用心努力。但是，却不能完全从"万事皆由天定"的宿命论中摆脱出来。"时代精神"虽然可以理解为，在时代的要求下谋求新变化的雄辩。但是，就像密涅瓦的猫头鹰总是在黄昏时才起飞一样，它不能否认一种决定论的观点，认为人类智慧无法预知特定群体的时代要求。

当然也有人试图从马基雅维利处寻找这种倾向，盐野七生（Nanami Shiono）就是其中之一，她因《罗马人的故事》一书而为人们所熟知。她把马基雅维利所说的"必然性"（necessità）理解为"时代

---

① Georg W. F. Hegel, *The Philosophy of Hegel*, edited by Carl Friedrich (New York: Modern Library, 1953), 29.

精神"，即超人类的"命运"与人类的"能力"相遇的时刻，时势与人物相互成就的时刻，对机会的有效把握。① 虽然这是一种极具吸引力的解释，却有必要进行仔细的斟酌。马基雅维利在如此紧迫的情况之下所寻求的，难道是消极等待机会的人，而非积极创造条件的人？

当然，这比那些认为马基雅维利为消除不确定性而主张"恐惧"与"力量"的政治哲学要好得多。但是，如果按照盐野七生的解释，就无法正确理解"承认不确定性是政治的开始"这个前提，也无法理解"在不确定性中追求完美是政治的本质"这个建议。如果马基雅维利所说的必然性是前面所提到的"时代精神"，他也只不过是文艺复兴时期随处可见的普通知识分子而已。如果真是这样的话，他也绝不可能从当时知识分子们的宿命论中解放出来。

命运的玩笑

马基雅维利的人生就是一个悖论。这从他与美第奇家族的关系中可以看得很清楚。他出生于 1469 年，正值美第奇家族的全盛时期，是"伟大的"洛伦佐（Lorenzo il Magnifico）掌权的年代。他去世于1527 年，是美第奇家族自 1512 年回归后再次被放逐的时候。他能够走上政坛第一线是由于亲美第奇家族人士的推荐，他被迫离开公职、被放逐也与美第奇家族有关。总而言之，他的一生都与美第奇家族有着"剪不断、理还乱"的复杂关系。

马基雅维利撰写《君主论》（De Principatibus）这本书也是如此。如果想一想马基雅维利最初用拉丁文为该书拟定的题目，就更清楚了。如果直译的话，题目应该是"关于君主政体"（Sui Principati）。

---

① Nanami Shicno, *My Friend*, *Machiavelli*, trans. , Junghwan OH（Paju：Hangilsa，1995）.

严格地说，这个题目还包含"元老院领袖"（princeps senatus）的含义，这是第一代罗马皇帝为了表明自己是罗马共和国的继承者而使用的。面对最害怕共和国复活的美第奇君主，马基雅维利毫不掩饰自己梦想的政体是罗马共和国。对于精通修辞学的他来说，为什么试图用这种鲁莽直率的方式来获得掌权者的信任呢？这的确令人费解。

马基雅维利的意图没能准确地传达给我们，也是命运开的一个玩笑。1532 年安东尼奥·布拉多（Antonio Blado）为了得到教皇克莱门特七世的许可，对这部作品的题目和内容都做出了大幅修改，最初的拉丁文题目就变成了今天的"君主"（Il Prince）。我们则沿用了日本的译法——"君主论"。就像圭恰迪尼的《回忆录》在出版时被改为《新君主论》，仿佛我们从《君主论》中除了"权力"与"处世"之外，无法学到其他任何有价值的东西。如果这就是命运，那么它对于马基雅维利也太过残酷了。

命运的女神

马基雅维利也许会享受这种命运的悖论。就像我们在他的喜剧中看到的，他平静地接受命运的捉弄和未来的不确定性。然后，刻画出一个个反抗不可避免的命运的人物。从普通的农夫到暗恋有夫之妇的青年人，他都通过巧妙的设计让这些人机智地渡过难关。

> 贾马太呢，这些事情他比魔鬼懂得多，欢欢喜喜回了家。（Gianmatteo, che ne seppe più che il diavolo, se ne ritornò tutto lieto a casa.）
> ——《贝尔法哥》

在马基雅维利的喜剧中，没有人将人间万事都归结为神的旨意，也没有人料事如神似的说话，这种面对人生的轻松选择从来没有出现在马基雅维利的作品中。相反，他建议抛弃那些试图通过绝对的存在与自明的真理来摆脱命运不确定性的想法，并且提出面对命运决不放弃的忠告。

马基雅维利在《君主论》第二十五章中，用"正反两面论证"（utramque partem, arguing on both sides）的框架一目了然地表达了自己的想法。首先，他提到命运是"神的旨意"。他把基督教中全知全能的神降格为与希腊命运女神同样的地位。他指出，就像"fortuna"这个意味着命运女神的词，指的是"带来幸运"，所以不能把命运当成"宿命"（sorte）来看待。同时，他批判了当时沉迷于宿命论的知识分子群体，认为他们被决定论所迷惑，"辛劳是没有用的，不如让事情听从命运的支配"。

其次，马基雅维利集中批评了那些空谈"自由意志"却无法将当下处境向前推进一步的人们。他认为，"神为了不夺取我们的自由意志与我们分内的光荣"，就不会控制所有事情，并以此作为批评对手的立场。就像堤防与沟渠能够防洪与泄洪一样，如果能仔细地观察形势并做好准备，就可以根据人类的努力，取得"一半的成功"。但是，他又突然将话题转为极端的决定论。他首先指出，根据情况或形势来改变"本性"与"资质"，实际上是不可能的。然后反问道，如果只是强调那些特定形势下的机会，只是满足于一半的可能性，那么除了感叹时代以外还能做些什么呢？

> 教皇朱利奥二世干任何事情都雷厉风行，他发现世事的运行与他做事的方式非常和谐，命运注定他总是能取得幸福的结果。
>
> ——《君主论》第二十五章

他们永远不应灰心丧气，因为，既然他们不知道命运的意图，而她不走通常的道路且不为人所知的；那么，他们应该总是抱有希望，并且在有希望时就绝不应灰心，不管他们可能处于什么样的境况和遭遇什么样的痛苦。

——《李维史论》第二卷第二十九章

马基雅维利的答案是，对抗命运。不仅是"不要放弃"，他还劝告人们，就算鲁莽冒失也要勇敢突破命运的旋涡。他甚至使用了"打倒"命运女神的表达方式。这远远超出了当时普遍的想法，人们依然停留在信徒恳切祷告就能获得回应的中世纪思维方式，或者命运女神不会辜负认真努力之类的想法。如果说西塞罗的"命运帮助强者"（fortes fortuna adiuvat）还只停留在一半的可能性上，[1] 马基雅维利则在探索一种以人的意志代替神的旨意的新方案。也许，他是想这样来征服自己的命运。

构建性领导力

也许是因为马基雅维利对命运采取如此积极的态度，人们常常倾向于把他所说的"勇敢"，简单化为"恐惧"或者"力量"政治。他的确强调过，狮子的勇猛胜过狐狸的机敏。他也的确说过，在改革腐败的共和国或建立新政治体制的过程中，需要行使绝对的权力。但这并不能证明，马基雅维利所梦想的政治只能依靠"力量"与"恐惧"而建立。因为，他从未说过，这些用于例外状况的方式应当成为日常

---

[1] Cicero, *Tusculanae Disputationes*, trans. J. E. King (Cambridge: Harvard University Press, 1927), 2.4.11.

政治生活的内容。

如果把马基雅维利理解的政治定义为"力量"与"恐惧",那么他就不会提出"承认不确定性是政治的开始"这个前提。特别是,他在自由公民与政治领导者的关系中寻找领导力的核心含义时,使用了"virtù"一词,这不同于"卓越"或"能力",仅凭"男子气概"或"狮子般勇猛"都无法完全解释这个词的含义。就算是加上允许欺骗和花招的"狐狸般狡猾"也还是不充分。因为,他所要求的领导者能力,应该是能够与"公民"或"臣民"共同构建时代状况的能力。

马基雅维利并未明确指出,拥有何种品性的人才是理想的领导者;也没有说明,何种情况适合何种领导者。但是他指出,对于未来的领导者来说,公民或臣民就是命运女神。如果公民已经完全腐败,那么就要使用绝对权力。但是,如果某个社会中"公民自由"得到充分保障,或者某人想要建设一个充分保障"公民自由"的社会,就应该首先培养公民牵制力量与权力的能力,而非屈服于力量与权力的习惯。能够知晓这些目标,并且为实现这些目标而努力,就是马基雅维利所强调的"virtù"。

在这个背景下,马基雅维利在《君主论》第十九章中揭示了新的时代精神。他认为,现在是给予公民自由、武装公民、依靠公民的时代,而非依靠贵族和军队的时代。在对暴力与恐惧进行富丽堂皇的修饰之后,他刻画了领导者与"公民"一起创造时代的样子。也许,这就是他把自己的想法称作"实际真相"(verità effetuale)而非"想象真理"的原因。正因为如此,他讥讽同时代的知识分子们都是"我们时代的圣人"(savi de'nostril tempi)。

二　德行与恶行

我在城中转悠，所做的不过就是劝说你们当中的青年和老人，不要这么关心你们的身体或财富，胜过或如同关心让灵魂达到最佳状态，我对你们说："德性并不来自财富，而是从德性中产生财富和别的对于人类——无论是对于个人，还是对于他人——的所有善好。"

——柏拉图《苏格拉底的申辩》30b

不过，如所说过的，幸福也显然需要外在的善。因为，没有那些外在的资源就不可能或很难做高贵的事。

——亚里士多德《尼各马可伦理学》1099a31－33

但是由于人类的条件不允许这样，君主既不能全部具有这些优良的品质，也不能完全地保持它们；因此君主必须有足够的明智远见，知道怎样避免那些使自己亡国的恶行（vizi），并且如果可能的话，还要警惕那些不会使自己亡国的恶行，但是如果不能的话，他可以毫不踌躇地听之任之。

还有，如果没有那些恶行，就难以挽救自己的国家的话，那么他就不必计较是否会带来不光彩的名声。

——《君主论》第十五章

挑战传统

> 有人被认为是乐善好施，有人则被认为是贪得无厌；有人被认为是残酷成性，有人则被认为是慈悲为怀；有人被认为是言而无信，有人则被认为是忠诚守信；有人被认为是软弱怯懦，有人则被认为是勇猛强悍；有人被认为是谦和，有人则被认为是傲慢；有人被认为是淫荡好色，有人则被认为是洁身自好；有人被认为是直率，有人则被认为是狡猾；有人被认为是僵硬苛刻，有人则被认为是和蔼可亲；有人被认为是稳重，有人则被认为是轻浮；有人被认为是虔诚之士，有人则被认为是无信仰之徒，如此等等。
>
> ——《君主论》第十五章

马基雅维利在《君主论》第十五章中对"德行"（virtù）与"恶行"（vizio）进行了区分。感觉像是应用了亚里士多德的分类，但又像一个晦涩难懂、杂乱无章的目录。如果我们仔细从《君主论》第十六章所说明的君主资质来看，就会发现表面上杂乱无章的目录有着全新的含义：既没有混淆亚里士多德的分类方法，也不是漫无目的、随性写出的东西。马基雅维利是带着明确的目的写下了这个目录，是在长时间深思熟虑之后确定的叙述体系，同时也是通过不断修改而完成的劳心之作。

如前所述，马基雅维利也有自己的"道德"判断标准，就是"政治共同体的生存"。人们在《君主论》中经常能够看到类似于"维持国家"（mantenere lo stato）的表达，在《李维史论》中也能够看到

"普遍安全"（la sicurtà universale）这样的词汇，只不过把《君主论》中的主语"君主"换成了"公民"，内容却是相同的，也就是"政治共同体的生存"。

"政治共同体的生存"有两方面的含义。首先，最主要的就是"公民自由"。我们可以从《君主论》对"自由生活"（vivere libero）的赞美中看出，马基雅维利分享了"共和主义"的理想，将"自由生活"视作"政治共同体的生存"的必要条件。其次，在当时的人们看来，马基雅维利所拥有的是一种从未有过的共和主义理想。当时的人文主义者也相信，"真正的哲学"与"共同体的生存"不无关系。但是，他们所憧憬的是和谐与自治的威尼斯，与马基雅维利所梦想的共和国相去甚远。他所梦想的共和国是通过分歧来保障自由，进而扩张成帝国的罗马。

当时的知识分子也许会多少感到不太适应，因为马基雅维利把"政治共同体的生存"不仅当成"政治"的标准，还作为"道德"的尺度。就连最重视公民自由的萨卢塔蒂（Coluccio Salutati）也认为，"好政治"不可能远离哲学指引下的"好生活"；一直主张在佛罗伦萨实现军事武装的莱昂纳多·布鲁尼（Leonardo Bruni）也认为，"哲学探究"与"政治献身"是不可分割的。虽然在内忧外患之中，国家的生存已经成为人们最大的关注焦点，但是对于深受亚里士多德和西塞罗影响的知识分子来说，接受马基雅维利用"生活"（zen）代替"好生活"（eu zen）的主张，绝非易事。即便如此，马基雅维利仍不断努力说服人们，"自由生活"就是"好生活"。因为对于他来说，这两者的关系并非哲学问题，而是政治家应当承担的、关系到"政治共同体生存"的课题。

"恶行"的悖论

从这个角度看,《君主论》第十五章对于当时的知识分子来说是一个挑战,其目的是验证马基雅维利自己判断依据的优越性。因此,马基雅维利有意歪曲了亚里士多德《尼各马可伦理学》第四章的德性条目。亚里士多德指出,在两种极端之间采取"中道"就是一种卓越的德性。马基雅维利却把亚里士多德的"德性"(arete)条目进行了重新排列,仿佛这些条目和中道本身就分别是一个极端。例如,亚里士多德把"挥霍"与"吝啬"之间的"慷慨"(eleutheriotes)或者"宽宏"(eleutherios)列为卓越的德性,马基雅维利所列举的两个极端就不是"挥霍"和"吝啬",而是"慷慨"(liberale)与"吝啬"(misero),这样就导致人们无法判断什么才是恶行。

> 所以,为了不去掠夺老百姓,为了能够保卫自己,为了不陷于穷困以至为人们所轻蔑,为了不至变成勒索强夺之徒;君主对于招来吝啬之名亦不应该有所介意,因为这是他能够统治下去的恶行之一。
>
> ——《君主论》第十六章

这种论证的目的在于,一方面将遵从亚里士多德的知识分子的想法降低到普通人的"常识"这一程度;另一方面,告诫人们,他们所相信的"德性"在政治上有可能会导致"恶行"。也许正因为如此,他所列举的十条"德行"与"恶行",除了"慷慨"之外,其余的都与亚里士多德的条目完全不同。"大度"被"谦和"代替,与"傲慢"成为一组;"诚实"被"直率"代替,与"狡猾"成为一组,而非"自夸"或

"卑屈"。虽然"和蔼可亲"的性格可以理解为与"温和"类似，但是"僵硬苛刻"这种表现方式与其说和愤怒相关，还不如说与人际关系有关。而且，对亚里士多德而言本身就是坏的品性（如"残酷""淫乱"）与德行成为一组，这样就可以根据结果做出不同的判断。总而言之，马基雅维利把亚里士多德的德性降格为"看起来如此""人们如此相信"。

马基雅维利瓦解亚里士多德的德性条目，目的当然是强调"共同体的生存"才是区分德行与恶行的判断标准。问题在于，他与那些追随亚里士多德的人文主义者有着完全不同的认识论体系。《君主论》第十六章清晰地呈现出了这种差异。对于遵从亚里士多德的知识分子来说，"吝啬"是甘愿遭受非难也要满足其"贪欲"的品性。但对于马基雅维利来说，"吝啬"是为了维持"慷慨"的名声反而落得"贪婪"的骂名。如果对于前者来说，"坏的显现"（phainesthai）是对"本质""高贵"的欲求未能克制人类贪欲的结果，那么对于后者来说，"被认为吝啬"则是未能向大众展现结果——"政治共同体的生存"——而发生的政治危机。

按照这个标准，马基雅维利忠告君主不能为了得到"慷慨"的名声而浪费国库的储备。他在《君主论》第十章中已经提到，就算是再小的君主政体也要储备好"在重围之下，至少能够坚持一年的物资"，在没有进行具体说明的情况下，他断言，君主"想保持住慷慨的名声，就必然拼命加重人民的负担，对人民横征暴敛，只要能够获得金钱，一切事情都做得出来"。然后，马基雅维利接着说道，遵循被认为是"德性"的原则而行动，以后想要改变的时候，君主能够获得的仅仅是"吝啬的恶名"。在这种情况下，也许"吝啬"要比"贪婪"好。因为"吝啬"如果一开始就运用的话，还是一种可以把"多数人"集中在自己身边的"恶行"（vizi），而"贪婪"使得不愿接受支配的"多数人"与君主形成敌对关系，所以君主一定要避免"贪婪"的恶行。这种判断的根据就是，如果失去"多数人的支持"，就不可能维持"政治共同体的生存"。

"狮子"与"狐狸"

"新君主"在《君主论》第六章之后就没有出现，但在第十七章中再次登场。并且，马基雅维利将"残酷"界定为君主必须知道的恶行，这与当时基督教伦理的基础——"温情"（caritas）形成了鲜明的对比。虽然第八章中已经提到了"使用得好的残酷"（crudeultà bene usate）的故事，但这里直接挑战了罗马教会宣扬的"虔诚"（pieta），同时还具体论证了用"恐惧"（timore）代替基督教"博爱"（agape）的实用价值。如果看一看当时腐败成风的罗马教会，"残酷"这一主题并不会让人感到脸红。但是，每当他攻击那些对多数人进行伦理说教的神职人员，每当他叮嘱要对制造分裂的"少数人"施以残酷，对不愿受支配的"多数人"给予满足时，人们都能从他的——并非"爱"，而是"恐惧"才能弥合分裂的城市——忠告中，读出一种赤裸裸的"反基督教"立场。

对于那些想要在马基雅维利身上找到哪怕一丁点信赖"自然"或"神"的人来说，《君主论》第十八章只能让他们感到失望。这是因为，马基雅维利以现实为基础，拒绝承认西塞罗追随者们相信的、作为一切法的源泉的"神"与"自然"。众所周知，对于西塞罗来说，"信义"（fides）是最为重要的品德之一。就像他在《论义务》中所阐明的，"信义"一方面是"正义的基础"，另一方面是那些真正想实现正义的人才能得到的"他人的好意"。因此，"信义"既是成就真正"光荣"的条件，也是指明罪恶之事毫无益处的道德尺度。西塞罗还指出，即使在战争中也应该遵守承诺。对此，马基雅维利的态度是"要是真能那样就好了"。他同时强调，即使是欺瞒或狡诈的言行，只要是为了维持"政治共同体的生存"，就应该"使用得好"。在这一方面，马基雅维利给读者提供了与西塞罗的追随者们完全不同的选项。

特别是对"欺骗"的评价，马基雅维利与西塞罗的立场截然相反。马基雅维利在《君主论》第十八章中专门借用西塞罗的"狮子""狐狸"比喻，也是为了表明自己鲜明的态度。

> 行不义之事有两种方式，要么通过力量（vi），要么通过欺骗（fraude）；欺骗像是小狐狸的伎俩，暴力则如同狮子的行为。二者似乎都背离人类，但是欺骗理应受到更大的蔑视。在所有的不义行为中，没有什么比那些背叛信任，却看起来像个好人一样行事的人，更应该受到惩罚。
>
> ——西塞罗《论义务》第一卷第十三章第四十一节

人们可能认为，西塞罗的真诚不一定能够带来幸福的结果。但是从《论义务》第一卷第四十一节中可以看出，西塞罗对于"力量"有妥协，但却无法容忍那些背信弃义却又佯装好人的"欺骗"。

> 君主既然必须懂得善于运用野兽的方法，他就应当同时效法狐狸与狮子。由于狮子不能够防止自己落入陷阱，而狐狸则不能够抵御豺狼；因此，君主必须是一头狐狸以便认识陷阱，同时又必须是一头狮子以便使豺狼惊骇。然而那些单纯依靠狮子的人们却不理解这点。
>
> ——《君主论》第十八章

与西塞罗不同，马基雅维利告诫君主应该同时使用"力量"与"欺骗"，特别是要学会如何使用"欺骗"。西塞罗的追随者虽然会觉得，有必要出于政治上的需要在"道德上的善"与"有用"二者之间进行妥协，但不认为必须得"知道"（saprere）"狐狸"的行动方式。而马基雅维利的追随者则像对待"狮子"一样去关注"狐狸"。

"有根据"的恶名

人们对马基雅维利的谴责，很大程度上是有道理的。也许有人会对此嗤之以鼻，认为这些谴责是没有正确理解马基雅维利的政治现实主义。但是，如果只是冷静思考了人类的"邪恶"，那么马基雅维利的忠告就与认为人性本恶的基督教伦理观并无太大出入。如果只是论及有限使用暴力的话，那么就没有必要区分马基雅维利的政治与西塞罗的审慎，后者强调"力量"属于野兽，在特殊情况下有必要使用。此外，如果不是否定人类对"好生活"的热情，那么就没有理由认为马基雅维利的政治哲学偏离了亚里士多德对"政治生活"的省思。不可否认的是，对于马基雅维利来说，"暴力"与"恐惧"是政治的本质，就连"欺骗"与"掩饰"也是可以容忍的。因此，我们不能说，马基雅维利至今所受到的恶评都是毫无根据的。

尽管如此，断言马基雅维利不分皂白地将政治贪欲正当化，或者没有一以贯之的标准，只是根据情况变化随机地判断，这些都与马基雅维利的主张风马牛不相及。既应具备"把坏东西伪装成好东西"的能力，也"应该通过欺骗来掩盖很多事情"，这些忠告是在一以贯之的判断根据下得出的结论。这个根据就是"政治共同体的生存"。当然，在今天恐怕也不易见到像马基雅维利一样对"欺骗""掩饰"持开放态度的思想家。但是，很多人还是会反问道，为了"政治共同体的生存"，怎能把国家交给那些连"世界的这一面"（questa parte del mondo）都不知道的道德上"真诚"的圣人呢？

在那个时代，宣称代表上帝权威的教皇也会通过"欺瞒"来满足自己的欲求，人们都相信关于"审慎"的知识是一种根据形势发展而处世的常识，我们却仍然根据严格的道德标尺来衡量判断马基雅维利的无道德现实主义，这种做法是否明智值得商榷。"如果可能的话，不应该离开善。但是，也应该知道在必要的时候如何邪恶。"我们需要更多的智慧，来解读马基雅维利对于"政治共同体的生存"的洞察力。

三 非支配自由

首先，人民很多时候被一种错误想象的善好（una falsa imagine di bene）蒙骗，想要自取灭亡；并且，如果人民所信任的某个人不能让他们认识到这是坏的，以及认识到什么是好的，共和国就会遭受无尽的危险和损害。

——《李维史论》第一卷第五十三章

他们行事方式的变化不是源自不同的本性（所有人的本性都是一样的，要说有高下的话，那也是人民有更高的善），而是源自他们对共同生活于其下的那些法律的尊重的多寡。

——《李维史论》第一卷第五十八章

无能的政治

在《李维史论》第一卷第四十七章中，马基雅维利慨叹道，佛罗伦萨从美第奇家族被逐出之后就陷入了"肆无忌惮的放纵"（licenza ambiziosa）之中。换句话说，佛罗伦萨已经陷入"野心导致的无序"状态。这里，马基雅维利想说的并非"野心"和"欲望"带来了"无序"和"放纵"，而是"大众政客"（popolari）的无能。他们在广场上振臂高呼，仿佛自己无所不能。但在掌权之后，却对所有问题都沉默不语。他指出，正是这些人让佛罗伦萨公民陷入了奴隶状态，让佛罗伦萨公民对"政治"产生幻灭感。

也许现在全世界都应该倾听马基雅维利的忠告。佛罗伦萨在驱逐美第奇家族后陷入危机、毫无头绪，与今天全球范围内展开的"民主普遍化时代"下的日常生活，有许多相似之处。公民们面对未来的不确定性，只关注自己的生活而逐渐显现出个人化的倾向；残酷的市场让年轻人在无限竞争与极度紧张中苦苦挣扎，感受不到一点希望；广场上针对每个事件即兴形成的舆论将公民的热情消耗在其他目的中，而不是制度改革。即便如此，大众政客还是只坚持自己的道德理念，在回廊和广场上大声演讲，这一切都与马基雅维利的苦恼不无关系，因为他希望对佛罗伦萨进行改革。

当然，在马基雅维利所处的时代，人们对新制度的期望有时会消解在他们对政治的怀疑和不信任中，这使得"政治审慎"没有任何能够发挥作用的空间。就像伯里克利去世后的雅典民主制，公民们看到的只是无能的政客们制造的绝望"对峙"（deinon）。马基雅维利向这样一个绝望的时代发起了挑战。因此，我们从他那里无法读到莎士比亚戏剧中泰门（Timon）的独白。在马基雅维利的文字中，我们既看不到对政治的怀疑，也看不到对人类的失望。相反，他接受人类的缺陷，理解政治——不同意见与人类欲望碰撞而形成——的本质。总而言之，他是一位希望通过"政治"来改变现实的哲学家。

新社会正义的框架

马基雅维利的《李维史论》中有一个奇特的现象，就是他虽然关注"多数人"与"少数人"，却没有提醒人们注意"弱者"与"强者"。我们在其著作中查找所有关于"弱"或者"弱势的"单词，会发现就连这些词汇也很少使用，除非涉及国家之间的力量对比，或者君主、领导者的力量。特别是涉及"公民自由"时，马基雅维利几乎从没有把"多数人"或者"公民"描述为"弱者"。如果一定要找出一个的话，就是《李维史论》的第一卷第五十七章。这部分内容也只是在"团结则强，分散则弱（debole）"的前提下，说明"没有首领的、如脱缰之马的群众"必然是软弱的，而不是想说"多数人"或"公民"原本就是弱者。

马基雅维利没有用"弱者"和"强者"来探讨公民之间的分歧，可能存在很多原因。人们可以从多方面进行解释，也许在他所梦想的、享有自由的共和国中，所有人都是平等的；也许强者与弱者的关系是相对的，"多数人"并不一定就是弱者。但是，如果看一看他对政治变迁的描述，就会发现他强调这样的事实："公民"或者"多数人"在他们不受支配而不是试图去支配他人时才是最健康的；"富有者"与"少数人"为了让"多数人"或者"公民"不被支配而努力奉献的时候才是最伟大的。换句话说，马基雅维利试图通过"支配"与"非支配"的力学来寻找解决个人或集团之间分歧的方案，而非"强者"与"弱者"的关系。

公民自由与公民品格

马基雅维利反复强调，当共和国的"多数人"梦想着非支配的时

候，公民自由和公民品格就能够得到保障。这既不属于个人在社会中
具有特定角色的"有机体"论，也不属于自然使得某些人必定从大众
中脱颖而出的"自然贵族"论。其中只有近乎残酷而又冷静的政治现
实主义，还有对交织着欲望与错误的人类社会的洞察力。它还包含这
样一种观点，即"多数人"参与政治的最终目的应该是"不受支
配"，在"多数人"梦想着支配的时候，"多数人"极有可能已经被
牢牢地捆绑在"少数人"的煽动与野心之上。

在《李维史论》第一卷中，马基雅维利曾经反复警告道，"多数
人"陷入支配欲的时候，健康的罗马共和国也就开始走向没落。也许
是一种巧合，每个以"七"为尾数的章节都会出现这种忠告。第七章
讲述公民们对某个人的愤怒，第十七章讲反抗僭主的人民英雄，第二
十七章讲未能把握得到公民支持这一机会的雇佣兵首领，第三十七章
讲想要救罗马共和国于水火却导致罗马走向衰落的格拉古兄弟，第四
十七章讲大众政客，第五十七章讲没有"首领"（capo）的无力群众。
以上所有的事例都让我们看到"多数人"的政治是如何成功又如何失
败的。在幸运数字"七"这里，他隐藏了"多数人"如何避免失败
的智慧。

马基雅维利唯独在一个地方失去了冷静，就是罗马共和国的格拉
古兄弟改革。就像马基雅维利给《李维史论》的读者——两名望族子
弟的建议一样，第一卷第三十七章的字里行间浸透着惋惜之情，特别
是对那些充满正义感的年轻人所遭遇的失败。首先，他与当时的知识
分子不一样，对于格拉古兄弟的问题意识毫不吝惜地给予了称赞。马
基雅维利高度评价了，两个年轻人对所有社会不公正现象——士兵为
祖国出生入死却陷入贫穷，富人非法占据公共土地，平民沦落为奴隶
而日夜悲痛——出离愤怒的正义感。但是，在谈到格拉古兄弟改革失

败的时候，谈到他们给人民灌输错误理念的时候，马基雅维利几乎无法抑制自己的难过：他们在相信可以通过"支配"来获得"自由"的瞬间，为什么不知道人民会去寻找"更强"的僭主。

从某种角度来看，马基雅维利对格拉古兄弟的评价，似乎与他想要实现的"骚乱共和国"相互冲突。但通过仔细考察就会发现，叹息"多数人"的失败与确信"分歧"的积极作用，在马基雅维利的政治思想体系中并不矛盾。因为他对于那些为实现非支配而进行的集体行动一直保持赞赏的态度，哪怕这些行动超过了一定的限度。即使人民为实现非支配而进行的行动导致"骚乱"，他也会把引发行动的原因归结为贵族的傲慢，而非人民的鲁莽。就像我们在《李维史论》第一卷第五章中所看到的，正是贵族的专横与傲慢才让人民产生想要支配的欲望。

基于同样的思路，马基雅维利希望"少数人"更多关注实现"非支配"，希望他们能够像《李维史论》第一卷第四十七章中的帕库维乌斯一样，为了实现"非支配"而果断地抛弃朋党利益。根据他的解释，卡普阿的帕库维乌斯是一个审慎的领导者，他认识到了内有革命蔓延危机、外有汉尼拔侵略威胁这一局势；他还是一个卓越的政治家，通过制度手段有效调和了贵族与人民之间的尖锐矛盾：对于贵族，让他们直视傲慢所带来的危险；对于人民，让他们接受自己不得不与贵族共同生活的现实。在这里，马基雅维利没有提到历史学家通常评价的，帕库维乌斯是通过"欺瞒"攫取了权力。相反，在马基雅维利这里，帕库维乌斯只是一个试图说服人民——为保卫自己的"非支配"应如何去做——的领导者。

众所周知，马基雅维利并不介意把政治理解成，为实现"朋党利益"与"个人野心"而争斗的过程。但他没有忘记告诫那些想要掌握权力的"少数人"，应该为了实现"非支配"而超越朋党利益。他不断强调，领导者需要有一种从"多数人"而非"少数人"意志出发的态度，一种公民能够被说服的确信，一种通过"说服"（persuasion）能够达成最佳可能方案的信念。为了改革腐败的共和国，领导者需要的是，在"适当的时间"能够说服大众的"智慧"（astuzia），这与"帝王权力"（podesta regia）是同等重要的。理由只有一个，如果公民自由丧失了，那么不仅"多数人"，就连"少数人"也会陷入绝望的深渊。

与灵魂相比，更重要的是祖国

1527 年 6 月，马基雅维利溘然长逝。就在此前数十天，当教皇克莱门特七世被查理五世的军队击败时，他还希望复活的共和国能实现他最后的梦想。也许，他的突然死亡与曾经追随萨伏那洛拉的共和派人士称他为"美第奇的帮凶"有关。在 1527 年 4 月写给朋友韦托里的信中，我们可以发现不少线索。

> 我爱弗朗切斯科·圭恰迪尼先生，我爱我的祖国（patria）甚于爱我的灵魂（anima）。六十年来我的阅历让我明白，我们现在面临着最困难的问题，既需要和平，又不能放弃战争，而我们的这位君主，无论应付战争还是和平，简直都束手无策。
>
> ——《马基雅维利致弗朗切斯科·韦托里》1527 年 4 月 16 日

这里提到的"君主"就是克莱门特七世，从这一点上，我们仿佛可以听到一个"佛罗伦萨爱国者"的呐喊，而非"美第奇的帮凶"。在他把拯救佛罗伦萨的希望寄托在比自己年少 14 岁、他视之为忘年交的名门望族子弟——圭恰迪尼身上的时候，我们可以感受到，他对祖国的热爱已经超越了出身和立场。

马基雅维利写这封信的时候，佛罗伦萨已经进入了大众政客的时代。公民的自由虽然得到了恢复，但是无能的"大众政客"却无法保障这种自由。因为克莱门特七世的接连失误，由他实际掌控的佛罗伦萨已经陷入危机状态。这个时候，曾经婉拒拉古萨书记长和雇佣兵首领克罗那顾问职位的马基雅维利站了出来。虽然只是一个不起眼的职务，但是出于对祖国的热爱，他还是接受了克莱门特七世的邀请。也许让他突然走向死亡的并不是共和派的冷眼相待，而是对恢复后的共和国无法持续太久的绝望。正如他经常使用的一个词，"即便如此"（nondimanco），他到离开这个世界之前也没有抛弃对自由公民参与政治的信念。

第四章 分歧的政治社会学

因为这些好的例子源于良好的教育，良好的教育源于良好的法律，而良好的法律源于被许多人轻率地斥责的那些骚乱。

——《李维史论》第一卷第四章

一切国家，无论是新的国家、旧的国家或者混合国，其主要的基础乃是良好的法律和良好的军队；因为如果没有良好的军队，那里就不可能有良好的法律，同时如果那里有良好的军队，那里就一定会有良好的法律。现在我不讨论法律问题而只谈军队问题。

——《君主论》第十二章

自由人民的欲求，很少对自由有害，因为这些欲求或者源于受压迫，或者源于担心受压迫。如果他们的意见是错误的，还有公民大会的补救办法，在公民大会上，某个好人可以通过演讲，向他们证明他们是如何自欺的；虽然像西塞罗所说人民是无知的，但是当一位值得信赖的人告诉他们事实真相时，他们就会明白真相，并且很容易做出让步。

——《李维史论》第一卷第四章

　　虽然我们在上文表明了罗马元老院和平民之间的敌对如何使罗马保持自由（因为由这些敌对产生了有利于自由的法律），但这个土地法的结局似乎与这个结论不相符。然而我要说，我并不因此而动摇我的这种看法。因为，对平民来说，大人物的野心是如此大，如果在一个城邦里不通过各种手段和方法摧毁之，它很快就会使那个城邦毁灭。

——《李维史论》第一卷第三十七章

　　就在几年前，有关韩国政府运作的最大议题还是如何建立分歧调节机制。随着民主化的完成，中央政府的单向调节机制解体，之前从未出现过的各种分歧，也在各个方面显现出来。因此，建立分歧调节机制成为重要的政治议题。

　　关注分歧调节机制，并非韩国社会独有的现象。从 20 世纪 90 年代开始，西方学界就展开了关于"审议"与"民主"相互关系的激烈讨论，这充分证明了分歧调节机制已经在全球范围内成为关注焦点。人们在学术上为缓解重视个人自主性（individual autonomy）的自由主义与通过积极政治参与寻求实现公共善（common good）的共同体主义之间的紧张关系而进行的努力，在制度上为了实现通过自由平等公民之间的审议进行决策的民主理想而进行的探索，在认识论上超越对差异的简单承认，转换为确保多元主义基础上的公民性（civility），"通过分歧使变化制度化"，此类政治社会学主题都被囊括其中。

　　但是，今天韩国社会对分歧调节机制的关注大幅减少。对于分歧的偏见依然支配着公民的日常生活，民主也退化为一种"偏好集合式"（aggregative）的代议制过程，通过投票来集中公民的意见。人们将引发分歧的集体行动等同于停滞不前的讨论、不必要的混乱，或者认为这是直接民主——类似于古代雅典城邦的城市国家也无法实现——的问题。民主化以后，韩国社会对于"分歧"的看法变得更加负面。

不仅如此，庸俗现实主义还认为，与其思考"分歧调节机制"，不如"掌握权力"，这让普通公民对"分歧"的负面看法更加根深蒂固。政客们用"失去的十年"来斥责对方，习惯性地反目成仇、互相诋毁。执政的一方关闭对话的窗口，妄图肆意操纵国政；在野的一方则在执政方剩余任期之内全力团结反对势力。即使政治家想要进行对话，已经习惯于政争与斗争的支持者们也会要求紧紧关闭对话的大门，导致难以取得积极的进展。这些支持者们要么用"我们是如何赢得大选的"这种诘问来指责那些参与对话的政治家，要么提及落选运动，这让双方再次陷入极端对峙。这些人对如何用"分歧"来获取权力驾轻就熟，但是对那些能够将"变化"制度化的"分歧"却生疏无比。

马基雅维利的佛罗伦萨也是大同小异。对于他来说，"制度内的分歧"之类的话无异于掌权者的政治修辞。同时，他认为，大众政客专注于"获取权力的分歧"，他们的煽动就像逆潮流而行的车轮。他觉察到时代的变化要求一个新的国家形态，但是知识分子与贵族将"和谐"与"统一"推到前台，通过维持现状来保护自己的既得利益。他也知道，那些茫然不知事态在如何发展，只会被争权夺利的煽动家蛊惑的人民，将会迎来什么样的结果。

从马基雅维利身上，我们至少可以学习两种有关分歧的思想。第一，需要认识到，一个社会如果想要保证多样性，分歧就是不可避免的。还应该认识到，分歧可以成为让民主充满动力并保持其健康的手段。如果人们不转变对分歧的认识，只提倡"和谐"与"统一"，那么"审议"与"讨论"就只能成为确认彼此不同立场的过程。人们还会认为，对话只不过是为了确保程序正当性而采取的手段，而真正达成协议还是要由"力量"或"权力"决定，这种意见经常先入为主。如果这种局面持续下去的话，给弱者带去的只能是无尽的绝望。如果不想产生这样的结果，就需要一种更加积极的态度，把分歧看成能够反映变化需求的衡量尺度，理解为那些无法发出自己声音的普通公民的挣扎。

第二，应该用马基雅维利的现实主义来替代庸俗现实主义。庸俗现实主义把政治的目标看成是"通过多数人的支持来争取权力"，但在马基雅维利看来，政治的目标应该是"让多数人过上一种不被他人恣意支配的生活"。当然，马基雅维利倡导的并非道德政治。如前所述，"非支配"反映的并非先验的、道德的要求，而是代表"多数人"或"人民"日常生活需要的政治主题。虽然"非支配"在平时可能无声无息，但是一旦失去，便会转化成具有爆发力的"多数人"或"人民"的力量表达。因此，这绝非抽象的、道德的指南，而是表达一种反问，即为了保障真正的公民自由，到底应该追求什么样的政治目标。如果"非支配"不能成为政治的目标，那么通过"分歧"对变化进行制度化也是不可能的。如果政治的目标不是通过分歧引起变化，而是通过权力引起变化，那么"分歧"不过是争取权力的手段而已。

大家喜好"噤声规则"（gag rule），认为民主审议毫无意义，话说的越多政治成本就越高，这也不是一件奇怪的事情。但是，需要注意的是，马基雅维利虽然对"革命"表现出沉默，但并不提倡"噤声规则"。我们应该倾听他说的话：政治不是"少数人"的战场，而是公民学习的场所。还有必要再次提起，马基雅维利虽然没有要求所有人都参与政治，但是要求所有人都通过政治来学习如何保卫自己的自由与共同体的安全。因此，他不断叮嘱未来的领导者，一定要抛弃对分歧的消极偏见。马基雅维利从罗马共和国了解到，分歧不仅能够带来政治权力，还能够带来政治体制的变化。

一 "多数人"与"少数人"

君主应该尊重贵族，但是不能因此使自己为人民所恨。

——《君主论》第十九章

在上述那个城市，贵族占上风并剥夺人民的自由，于是平民派借助雅典人重掌政权，他们抓了所有贵族，把他们关进一个大到足以容纳他们所有人的监牢里，他们每次从这个监牢里拖出八或十人，谎称把他们流放到不同的地方，其实是通过许多酷刑处死他们。那些仍关在监牢里的人得知此事后，决定尽其所能逃脱那种可耻的死亡，他们用他们可以支配的物件武装自己，与那些想要进入监牢的人进行战斗，保卫监牢的人口。这导致，人民一得知这个叛乱，就群起跑去援助，掀开那个地方的屋顶，并用那些废墟把那些人闷死。随后在上述那个地区还发生了其他许多类似的既恐怖又严重的事件。因此，很清楚真的是当你的自由被剥夺时所进行的报复比起对意欲剥夺你的自由所进行的报复会更加猛烈。

——《李维史论》第二卷第二章

偶然与必然

政治哲学家关注的政治事件，大致涵盖两个方面。第一是某个社会的分裂与新平衡的形成。一些无法预见的事件为社会成员提供了一个机会，去反思自己一直坚持的政治原则与经济结构，这种反思就会引起矛盾的爆发或者人们对变化的呼求。例如 1789 年 7 月巴黎群众攻占巴士底狱，原来只不过是解救七名罪犯的行动。但这个事件却全面引爆了法国一直以来被掩盖的的政治社会矛盾，最终导致了旧体制的全面崩溃。也许正是由于这个原因，对于许多政治思想家来说，法国大革命不仅给他们带来了反思"新变化"的机会，还带来了新的灵感。

第二是面临一个比任何时候都更加需要政治审慎的局面。一般来说，所谓"事件"指的是不能预测的意外的发生。因为具有不可预测性，既不可能有预先做好的应对方案，也不可能得到迅速的处理。因此，突发事件就让我们有机会摆脱特定行为产生特定结果的思维定式，也让我们有机会去考虑政治原则应该通过何种制度来表现。因此，在西方古典思想中，人们把事件（accidente）形容为与"必然""确定性"相对的"偶然""概然性"，或者命运（fortuna）的恶作剧。也就是说，突发事件是一个要求政治家与公民更加审慎地判断和行动的特殊局面。

从这一脉络来看，引起马基雅维利关注的一个政治事件就是 1378 年发生的"梳毛工起义"（Il Tumulto dei Ciompi）。有趣的是，他在《君主论》与《李维史论》中都没有提到这个事件。他在《佛罗伦萨史》（*Istorie Fiorentine*）中则比较详细地做了记载，但与当时知识分子的观点截然相反。即使佛罗伦萨的那段历史就是革命与反革命的交替，他也毫不犹豫地描述了这个非常敏感的事件，将其形容为一个"光着脚，没穿什么衣服"的贫民英雄故事。① 在呈递给美第奇家族的教皇的书中有这方面的描写，为什么在《君主论》和《李维史论》中却避而不谈，的确令人深感疑惑。

梳毛工起义

梳毛工起义是佛罗伦萨朋党矛盾长期积累的产物。当时的佛罗伦萨，一方面是希望终止持续三年的、与教皇国家之间战争的教皇派（Guelfa）与领导战争的教皇反对派（Ghibellina）之间的矛盾，另一方面还有支持教皇派的富裕阶层（popolo grasso）与支持反教皇派的贫民阶层（popolo minuto）之间的矛盾。贵族之间的权力斗争暴露出了佛罗伦萨的裂痕，这直接引发了城市贫民与下层劳动者的暴动。

事件的经过如下。1378 年 6 月，教皇派试图将深陷战争泥潭的反教皇派驱逐出境，当时对权势家族心怀不满的商人们为了反抗便行动起来。起初，这个行动似乎以权势家族被逐出而告终，但是这种权力斗争使城市贫民与下层劳动者的要求一下子爆发出来。7 月中旬，羊毛价格波动引起工资下降，战争也引起大幅增税，城市贫民与不属于行会的下层劳动者开始了暴动。主导这场暴动的人——"梳毛工"，指的就是那些没有自己的行会、在政治空间中没有任何发言权的人们。

因为这场暴动，民众政府得以成立。这个政府的领导者就是被马基雅维利称为"褴褛汉"的米凯莱·迪·兰多（Michele di Lando）。他一方面完全驱逐了教皇派，另一方面成立了代表贫民和下层劳动者

---

① *Istorie Fiorentine* 3. 16 – 17.

利益的新行会，让他们能够在政治空间中发出自己的声音。但是，他的改革蓝图随后在商人与旧行会的反扑中化为泡影。新政府成立六周后，富裕商人与大行会组织唆使暴徒攻击了新行会，米凯莱与他的改革就此退出了历史舞台。

领导者的真诚

与当时的史学家不同，马基雅维利把米凯莱的执政和没落描写成"审慎之人"的英雄行动。对于他来说，米凯莱绝非一名暴徒。在马基雅维利的笔下，7月中旬暴动演变为掠夺的时候，米凯莱展现出了世家子弟也无法企及的卓越政治才干，他是一个"天生的领导者"。特别是，在贫民被仇恨和恐惧驱使下准备实施残忍报复的时候，他并没有听任贫民恣意妄为，而是说服他们保持冷静，停止鲁莽的行为。一方面，通过公开处罚来代替人们的私自报复；另一方面，通过制度手段来遏制贵族的傲慢。这位革命领导人试图通过这种方式形成一种新型的共存。

但这些描述与当时历史学家的普遍叙述大相径庭。米凯莱打着赤脚、衣衫褴褛，这一点在其他史书里也可以找到。但是，从未有人把米凯莱描写成"人民领导者"，当然也没有这样做的理由和意图。因此，在那些历史学家的书中，我们无法发现努力说服人民的卓越政治家——米凯莱。在他们看来，米凯莱从登场到没落就是一个彻头彻尾的暴徒，并非所谓引介新制度的革命领导者。如果其他史家的记载是正确的，那么《佛罗伦萨史》中的米凯莱及其领导能力，要么是马基雅维利发掘的新史实，要么就是他的创作。但无论从哪个侧面来看，人们很难否认，马基雅维利笔下的米凯莱传达出一条信息，即当时的佛罗伦萨需要一位新型的大众领导者。

"多数人"的政治心理学

马基雅维利并非想通过米凯莱来表达自己对佛罗伦萨的绝望。在这里，他基于自己简洁明了的政治心理学，描绘出一幅具体的改革蓝图。这就是我们在《李维史论》中见到的对"自由"与"分歧"的美学反思，以及以此为基础的制度构想——"公民自由"与"斗争牵制"的和谐共存。在这里，既不存在道德训诫，也不存在政治悲观主义，前者是马基雅维利之前强调"和谐"的政治哲学所追求的，后者认为无论哪种政治体制都无法消除党派争斗。相反，他认为，如果分歧能够得到有效管理，那么对内可以抑制贵族的野心和人民的肆意欲望，保障公民的自由，对外可以通过公民自由培养的主人翁意识建设一个强大的国家。

当然，马基雅维利并不认为"分歧"会自动扩大"公民自由"，增强"公民力量"。对他来说，重要的问题是，为什么罗马共和国可以做到，而佛罗伦萨却不能。正如《李维史论》第一卷第三十七章中所表明的，他所关注的更重要的问题是，为什么如此健康的罗马共和国会因为"分歧"而崩溃。这是马基雅维利仔细观察"多数人"和"少数人"的出发点，也是《君主论》第九章中出现"试图实施支配的集团"与"不愿受支配的集团"这两种气质（umore），需要引起人们注意的原因。

马基雅维利提到的"不愿受支配的气质"，为最近备受瞩目的"新共和主义"的"不受他人恣意支配的自由"，即"非支配自由"的政治理论提供了重要灵感。在"新共和主义"中，"自由"（libertà）指的是与奴隶相对，不受任何人支配的境况。自由公民并不满足于不被干涉基本权利的保障，还应具备维持非支配自由境况的牵制力。马基雅维利将"多数人"（lo universale）与"人民"（il populo）的"不受支配的"气质理解为自由的政治社会条件。同时，他把"少数人"（pochi）或者"贵族"（i grandi）的气质视为"试图实施支配的属性"，这是一种会导致"野心"（ambizione）无限膨胀的支配欲。

公民的自由与多数人的政治

马基雅维利对于"自由"的看法并不需要太多解释。但是，想要更好地理解他的政治心理学，还有两个问题需要解决。首先，他所说的气质并非阶级或者阶层的特性。就像我们在《李维史论》第一卷第四十六章中所看到的，"不受支配的属性"有时也会转化成"压迫对方的欲求"。人民或者人民中的一部分人也会产生"试图实施支配的欲求"，贵族们在陷入窘境的时候也会产生不受支配的欲求。如果看不到这一面，就无法正确理解他的警告，也就是，"不受支配的欲求"带来的可能不再是"自由"，而是"放纵"（licenzia），与"试图实施支配的欲求"一样。

其次，集体气质并非一成不变。对于马基雅维利来说，"试图实施支配的气质"任何时候都有可能出现在任何人身上。试图进行支配的集体傲慢也可能燃起人民对于支配的渴望，或者像佛罗伦萨的"大众政客"（popolari）一样，试图通过代言大众利益来满足自己的支配欲求，这些人就是潜在的僭主。需要特别关注的是，他所说的"贵族"与"大众政客"之间的分歧。他指出，真正值得认真思考的问题是，受野心驱使而产生的分歧并不会带来"公民自由"，所以共和国中也需要一种制度来防止出现自欺欺人的分歧。对那些被"支配欲"迷住双眼的潜在僭主们，马基雅维利给出了一个新目标——为

"公民自由"而献身。

二 "僭主"与"君主"

因此应当研究他们凭以获得声望的方式，这实际上就是两个：公共的和私人的。公共的方式是指，一个人为了公共的利益（beneficio comune），提出好的建议，做出更好的行动，从而取得声望。

——《李维史论》第三卷第二十八章

但是，如果那些名声是通过前述的另一种方式即私人的途径取得的，那么它们就极其危险，而且完全有害。

——《李维史论》第三卷第二十八章

对于许多人来说，"僭主"是一个多少有些陌生的概念，常常与"专制君主""暴君"等名词发生混淆。如果仔细探究它的起源，就会发现它们并不一样。虽然它们在一个人行使绝对权力这一点上是一致的，而且权力的行使都有可能是专制的、残酷的，但是，"僭主"（tyrannos）与"暴君"（despotes）还是存在差别的，即僭主在获得权力的过程中，需要获得"人民的支持"。如果说暴君是将臣民视为奴隶而进行奴役统治的国王，那么僭主则是人民的"首领"，打着保卫人民自由的旗号来攫取权力，掌权后则对人民实施镇压。因此，在西方政治哲学中，人们倾向于通过"暴君"的故事让君主领悟具有反思意义的智慧，通过"僭主"的议论来强调民主社会中公民应该牢记的政治理念。

在同一脉络上，西方政治哲学传统对政治领导者的教育主要从两个方向展开。一个是对即将继承王位或已经登上王位的君主进行的训诫，另一个是对希望通过自己的能力争夺权力或者已经通过自己的能力登上王位的僭主进行的教育。前者针对的是已经具有某种政治正当性的"王政"（basileia），有时体现为"君主的镜鉴"（speculum principis），也就是为培养君主的德性提供建议或说明什么是好的政治。后者就像苏格拉底对那些决心成为僭主的雅典青年人提问，"好生活"（eu zen）是什么？以此教导那些想要成为未来领导者的人、想要支配他人的人，卓越是如何获得的，后来这发展为政治哲学的教育（paideia）。

虽然马基雅维利的《君主论》是进献给在位君主的一本书，但令人惊讶的是，他把那些"潜在的僭主"或者"想要争夺权力的人们"视为说服对象。《君主论》献词表现出的态度十分傲慢，这已经广为人知。在那个时代，为了不让君主有一种被训诫的感觉，通常半本书都是歌功颂德的内容。但除了形式上提到"惯常做法"（sogliono）与"服从"（servitù）等词汇以外，马基雅维利表示将在一个对等的关系中写出君主的本质与新的展望。不仅如此，他在《君主论》第15章中表明了自己想要写点儿"对于理解之人有用的东西"的信念。在第22章中，他甚至断言道，那些听了他的解释却不理解的人，大脑是"无用的"（inutile）。就像这样，他或许根本不在意自己的求职有可能失败，在撰写《君主论》的时候他心里想的就是潜在的僭主，如《李维史论》的献词提到的，"在成为君主方面，除了缺少一个王国（regnum），没有任何匮乏之处"的人。存在大量的证据，能够证明《君主论》的读者就是潜在的僭主。

苏格拉底与潜在僭主

华丽的雅典民主即将落幕之际，苏格拉底和他的弟子们开始用"好生活"来说服那些梦想成为僭主的年轻人。他们的终极目的是教导年轻人通过"节制"抑制自己的欲望，成为"追求智慧（sophia）的人"，而不是过一种忠实于自己欲望的"自然人"（anēr）的生活。这时，僭主就被描述为赤裸裸呈现"自然人"生活的人。与之相反，以苏格拉底为代表的哲学家则被描述为通过克制自然人的欲望而实现"卓越"的人。如果说前者追求的是以夺取政治权力为目标的政治生活，那么后者追求的则是以正确生活为目标的哲学生活。在同一脉络上，在苏格拉底的传统中，僭主被描述为非理性的、无法无天的、无节制的、无法获得臣民支持的、不具有正当性的统治者。

那么，面对这些与"好生活"背道而驰的、想要成为僭主的年轻人，苏格拉底和他的弟子们为什么要关注他们呢？这正是因为潜在的僭主们拥有一种政治情感——"意气"（thumos）。意气有可能以支配欲的形式爆发出来，同时也有可能转化为疾恶如仇的正义感。如果意气能够转化为基于正义感的政治行为，潜在僭主就有可能作为某个政治共同体的护卫者出现。因此，最初人们常常将"僭主"一词与"君主"（monarchios）混用，指涉那些领导人民反抗贵族压制的领导者，这一点也不奇怪。就像苏格拉底所做的，把这些拥有"意气"的年轻人塑造成共同体的"护卫者"（prostates），自然而然地成了政治哲学家的课题。那些理解"好生活"是什么的人、寻求"好生活"的人，要么厌恶政治，要么没有能力获取权力。他们所面对的现实是一个充满了僭主——毫不关心公民意见与正当过程——的世界。

这样的苏格拉底传统一直持续到文艺复兴时期，但丁之后的"僭主教育"引发了巨大争议，人们对君主政体的关注热情也开始高涨起来。写过《论僭主》（*De Tyranno*）一书的科卢乔·萨卢塔蒂（Coluccio Salutati）就是一个代表人物。在该书中，恺撒被描写为希望平息罗马共和国混乱局面的"伟大领导者"。① 就算达不到这样的程度，为了摆脱外敌入侵和内部混乱而拥护君主制的例子也不少。就连在青年时期用拉丁语翻译了色诺芬《希耶罗》（*Hieron*）的莱昂纳多·布鲁尼（Leonardo Bruni）也认为，古典共和主义中只强调为公共善献身是需要修改的。② 但是，无论是谁都不会相信离开了"好生活"还存在着"正确的政治"。他们都没有脱离苏格拉底的传统，认为哲学节制与政治成功密不可分。

马基雅维利的僭主教育

马基雅维利对苏格拉底式的僭主教育是半信半疑的。在他看来，这个苏格拉底传统有两个问题。首先苏格拉底相信政治的"意气"可以用哲学的"节制"来降温，其次通过这种方式夺取权力的"潜在僭主"能够在外敌入侵的情况下保卫共同体的生存。发现"意气"这种政治情感，并试图用这种情感来教育潜在僭主是一件好事，但是为了让潜在僭主能够成为政治共同体的"护卫者"，向他们灌输"好生活"不仅是不可行的，也是不值得提倡的。

实际上，马基雅维利认为应该谈论没有哲学节制的政治成功。应

---

① Coluccio Salutati, *Tractatus de Tyranno*, edited by F. Ercole （Berlin： W. Rothschild, 1914）, 1. 6.

② Leonardo Bruni, "Panegyric on the City of Florence", in *The Early Republic： Italian Humanists on Government and Society*, edited by Benjamin G. Kohl, Ronald G. Witt, Elizabeth Welles （Philadelphia： University of Pennsylvania Press, 1978）, 149 – 151.

该给潜在僭主教授"光荣"（gloria）而非"道德"，"恐惧"（paura）而非"节制"。

> 但我告诉你，希耶罗，你是与那些其他城邦的统治者竞争，如果你使你统治的这个城邦成为最幸福的城邦，你将被使者宣告为人类之间最高贵、最辉煌的竞赛中的胜者。
>
> ——色诺芬《论僭政》第十一章

马基雅维利在《君主论》中只提及色诺芬的名字也是出于同样的原因。他将苏格拉底的追随者一并指责为陷入"错误想象"（falsa immaginazione）中的人。但值得关注的是，色诺芬在试图说服僭主的时候说过，与其他城邦的首领竞争，才是通往成就"人类之间最高贵、最辉煌的竞赛中的胜者（nikon）"的道路。通过成就光荣的欲望来引导僭主为共同体的生存而献身，在这一点上马基雅维利和色诺芬产生了共鸣。

马基雅维利在《君主论》第十九章中谈到亚里士多德《政治学》第五卷第十一章的内容，也是出于同样的思路。

> 一个僭主应避免任何形式的暴戾行为，在所有形式中尤其要切戒这两者：对身体［进行凌辱］以及对青年男女（伤害贞操）。逢到那些爱荣誉者，他应该特别谨慎。对于那些爱财者，稍微损害他们的财产就会引起他们的盛怒；而对于那些爱荣誉者和人群中的公道者（epieikeis），稍微损害荣誉就会招致他们的憎恨。
>
> ——亚里士多德《政治学》1315a14－19

正如我已经说过的，贪婪，霸占臣民的财产及其妻女，特别使君主被人衔恨；因此，他必须避免这两件事情。当大多数人的财产和体面都没有受到侵犯的时候，他们就安居乐业；君主只需要同很少数人的野心进行斗争，他可以有许多方法并且轻而易举地把这些人控制住。

——《君主论》第十九章

马基雅维利强调"恐惧"的说服机制。亚里士多德曾经忠告道，僭主要想自保，就要给人们留下"臣民的奴仆，而不是僭主"的印象。马基雅维利相信，"恐惧"而非"节制"，才能让潜在僭主服务于臣民。他警告道，君主决不可能免于贵族的阴谋，如果再得不到人民的支持就难免一死。正是在这个节点，马基雅维利的政治现实主义开始背离苏格拉底的哲学式反思。

马基雅维利的僭主教育毫无顾忌地将焦点放在"自然人"关于"光荣"和"恐惧"的欲求上。苏格拉底之后经久不衰的"正确生活"标准在一瞬间轰然倒塌，为了共同体的生存而夺取其他国家自由的"帝国建设"也是可以容忍的。因此，《李维史论》第三卷第六章中被称作"锡耶纳僭主"（tiranno di Siena）的潘多尔佛·佩特鲁奇（Pandolfo Pettruci）在《君主论》第二十章中登场时，俨然成了一个深谙用人之道的"君主"（principe）。这与潘多尔佛初次登场时，对他的态度截然相反。因为那时候潘多尔佛被认为是老奸巨猾，是一个"像泥鳅一样的家伙"。同样，马基雅维利在《君主论》第六章和第十三章中将叙拉古僭主希耶罗也描述为"新君主"（nuove principe）。马基雅维利并没有用道德的尺度去评价希耶罗的残酷与狡诈，他强调的是通过"人民的支持"获得权力，拥有自己的军队，能够保护"多数人"免于外部势力的威胁。至少从这三方面来看，僭主与君主完全没有区别。

马基雅维利的僭主教育由于没有包含道德生活的内容，可以说与苏格拉底传统彻底决裂了。但无法否认的是，马基雅维利仍然关注他的读者的公民生活。因为，马基雅维利的僭主教育虽然毫无顾忌，但也有几个前提。政治的目的应该是建立并维持一个能够保障"公民自由"的政治共同体，无论是哪种政治哲学，如果不能保卫自己免受外来侵略，都是毫无用处的。

> 有些人可能感到奇怪：为什么阿加托克雷和某些像他一类的人们，为人无限奸诈、残暴，后来却能够长时期地在他们本国安全地生活下去，能够保卫自己不受外敌的侵害，而且他本国的公民也从没有阴谋反对他们；而与此相反，其他许多人，依靠残暴的方法，甚至在和平时期也不能够保有他们的国家。至于在胜败未卜的战争时期内就更不用说了。
>
> ——《君主论》第八章

马基雅维利称赞阿加托克雷的超凡德行（virtù），却绝对无法容忍他的行动导致健全的共和国发生颠覆。因此，他使用"邪恶"（sceleratezza）这样的措辞来表达自己的愤怒。马基雅维利还是希望年轻而充满野心的青年们不要选择僭主之路，而要献身于恢复公民自由，尽管这在苏格拉底的传统中是一种肤浅的想法。他只是认为，对于那些想要创建新国家、建立强有力的共和政体的人，提出抑制"支配欲"与"占有欲"的忠告可能适得其反。

三　罗马与威尼斯

从而任何人一旦成为一个城市的主子，如果这个城市原来习惯于自由的生活，而他不把这个城市消灭，他就是坐待它把自己消灭。因为这个城市在叛乱的时候，总是利用自由的名义和它的古老的秩序作为借口，而这两者尽管经过悠久的岁月或者施恩授惠都不能够使人们忘怀。

——《君主论》第五章

因为在每个共和国都有权贵和平民，故有疑惑的是把上述守卫者安排到哪一个的手中更好。在古代的斯巴达人那里，在今日的威尼斯人那里，这个守卫者被安置于贵族之手；而在罗马人那里，它被安置于平民之手。

——《李维史论》第一卷第五章

"自由"？"稳定"？

实现"公民自由"与"政治稳定"之间的均衡，是制度思想史家长期以来试图完成的一个课题。如果过度强调前者，后者就会受到严重的损害；如果过度强调后者，前者又会发生严重的萎缩。因此，如何实现二者的均衡就成为政治哲学领域的一个重要主题。柏拉图认为过度"追求自由"会带来民主的没落，卢梭担心自由审议在"公意"形成以后可能带来威胁，就连约翰·穆勒也对"自由"与"放纵"做出了严格区分。即便如此，谁也不能否认美国建国之父詹姆斯·麦迪逊所说的话，他指出，因为害怕派系或分歧就剥夺或过度限制自由，就如同"害怕火灾而抽干空气"一样。

在当今时代，个人自主性（individual autonomy）已经成为首先需要实现的政治目标，所以存在一种越来越明显的倾向，就是试图通过超越政治的"法律"或中立"机构"来消除"公民自由"与"政治稳定"之间的紧张关系。实际上，无论是所谓"法律至上""立宪主义"还是"宪政主义"，都需要通过某种"程序"或者中立"机构"来达成二者之间的均衡，这显然是大势所趋。但是，就像一些民主理论家所批评的那样，认为通过超越政治的"法律"或中立"机构"能够保障"自由"与"稳定"，也许只是一个"神话"。特别是，如果我们认同民主的优点之一就是能够反映时代要求并创建新制度，那么就有必要进一步探讨，满足于这种程度的均衡是否恰当。

马基雅维利在构想适合佛罗伦萨的宪制时，首先考虑的就是如何实现"公民自由"与"政治稳定"的均衡。他苦恼的是如何说服当时的知识分子群体，他们相信保障公民自由就会破坏政治稳定。因为对于很多人来说，佛罗伦萨的历史充斥着革命与反革命，保证"政治稳定"才是最重要的。大多数贵族与知识分子认为，为了实现政治稳定就应该限制公民自由和政治参与。在这种情形下，马基雅维利提出，不仅应该保障公民自由，还"要把人民武装起来"。他还梦想一种新的政治体制，一种能够改变人们对变化的要求，并达成一致共识的制度化体制。当时几乎所有人都大声疾呼，应该效仿世界上"最安静的共和国"（la Serenissima Repubblica）——威尼斯，马基雅维利却关注了那个被看作"骚乱共和国"（una tumultuaria repubblica）的罗马。他确信，如果处理得当，矛盾和分歧不仅能保障公民自由，还能使国家变得更强大。

威尼斯神话

另一方面，为斯巴达和威尼斯的体制辩护的人说，将守护之责交由有权势者掌握的人做了两件好事：一件好事是他们更好地满足了有权势者的抱负，并且由于掌控着这个权柄，他们在共和国拥有更大的份额，因此有理由更加满足；另一件好事是他们将一种权力从平民的不安分的思想中去除掉，而这个权力是共和国无数分歧和丑闻的原因，并可能使贵族陷于某种绝望，时间一长，这种绝望将产生恶果。

——《李维史论》第一卷第五章

"威尼斯神话"（Il Mito di Venezia）并不是在一朝一夕之间形成的。1117年，教皇亚历山大三世与神圣罗马帝国皇帝弗雷德里希·巴巴罗萨签署和平协议之后，威尼斯就与罗马教会、神圣罗马帝国一起，成为左右意大利半岛的强权之一。这种扩张始于对几个城市的占领，最初目的是剿灭意大利与巴尔干半岛之间的海盗。但后来希腊和克里特岛也受到了影响，因此威尼斯逐步发展成一个不容忽视的国家。1204年，第四次十字军东征时，威尼斯占领了君士坦丁堡，成为帝国。1380年，威尼斯还征服了海上贸易的最大竞争对手热那亚，成为名副其实的地中海霸权国家。16世纪初，教皇尤里乌斯二世曾召集周边列强结成同盟来共同对抗威尼斯。从这一点可以看出，在意大利本土垄断小麦和食盐的威尼斯，其力量已经足以让人们畏惧。

但是，"威尼斯神话"并不仅仅意味着军事力量的扩张。直到1797年被拿破仑征服之前，在思想文化方面，威尼斯也在欧洲发挥着压倒性的影响力。最值得注意的是，从 15 世纪后期开始，印刷文化在以威尼斯为中心的地区飞速发展，在欧洲独占鳌头。其原因并不仅仅因为该地区掌握着高超的印刷技术，还因为他们拥有能够保障知识产权和出版自由的先进制度，以及众多能够制作插画与图版的熟练工匠。因此，包括马基雅维利在内的许多知识分子经常派人到威尼斯购买新书。自然而然地，威尼斯就成了知识分子的精神故乡。因此，很早以前弗拉西斯科·彼特拉克（Francesco Petrarca）就说过，威尼斯是"自由、平等、正义的故乡"。佛罗伦萨人提起威尼斯，就会想到"睿智的所罗门的记忆"（la memoria del savio Salamon）。

即便如此，马基雅维利还是旗帜鲜明地反对佛罗伦萨的知识分子们建构出来的"威尼斯神话"。就像他在《李维史论》第一卷第五章中提到的，他把威尼斯的政府称为"狭隘的政府"（governo stretto），因为那里只有少数人才能参与政治。不仅不开放门户，还不愿意把人民武装起来，因此威尼斯只是一个自取灭亡的帝国而已。实际上，在当时佛罗伦萨的知识分子心目中，威尼斯是亚里士多德以后"最佳可能政体"——"混合政体"（governo misto）的现实典范，不仅兼具君主政体、贵族政体、民主政体的优点，而且还是一种能够保持长期稳定的政治体制。但是，马基雅维利十分厌恶威尼斯排斥外来移民的社会结构，还有建国初期的贵族集团及其后裔一直占据政治空间。特别是由 25 岁以上的贵族子弟组成的"大评议会"（Il Maggior Consiglio），怎么能被看作民主政体的要素，这让他感到难以接受。

在马基雅维利看来，威尼斯并不是"安静的共和国"，而是"死亡的共和国"。对于他来说，威尼斯的飞狮纹章所传达的宗教信仰，以及继承"所罗门智慧"、"新耶路撒冷"等虚张声势的宣传，这些并没有什么问题。因为，当时"基督教共和国"的口号并不仅仅存在于威尼斯。马基雅维利不能容忍的是，"威尼斯神话"所传达的通过"狭小政府"能实现"政治稳定"的宣传。因为在他看来，威尼斯的政治体制除了存在时间较长以外，没有其他任何值得借鉴的地方。就像我们在《李维史论》第一卷第二章中看到的，马基雅维利认为威尼斯能够长久存在的理由不过是拥有岛国这一有利的地缘政治条件，以及其他国家不擅于造船。简而言之，威尼斯只不过是运气好而已。马基雅维利确信，威尼斯难以摆脱败亡的命运，就像强大的斯巴达在小城底比斯的叛乱中一朝覆灭。

公民的自由与无限的扩张

　　但是，如果要想罗马城邦变得较为安宁，就会产生这种弊端：它也会更加虚弱，因为这切断了它能够变得像它所达到的那种伟大的通路。因此，如果罗马想消除制造骚乱的原因，就也要消除导致扩张的原因。

——《李维史论》第一卷第六章

对于马基雅维利来说，"最佳可能政体"是罗马共和国，而这个政体被当时的知识分子看作一个"混乱的共和国"。他在《李维史论》第一卷中详细地说明了他的理由。首先，他注意到，罗马共和国与斯巴达不同，并不是由一个吕库古之类的杰出人物短时间内塑造的政治体制。根据马基雅维利的解释，罗马通过"偶然"（caso）而建立了"混合政体"。这里"偶然"的含义与波里比阿等历史学家描述罗马共和国成长过程中所用的"根据自然"（kata physis）完全不同。这个观点一方面包含着这样的主张，即类似罗慕路斯这样非"哲人王"的人，也能够建成"最佳可能政体"；另一方面，罗马共和国就算建立了护民官制度，也不会自然地或者必然地发展出混合政体。哪怕承认命运（fortuna）等不可控的因素制约着行动的条件与结果，对于马基雅维利来说，罗马共和国至少是一个活生生的证据，证明依靠人的意志能够改变或逆转政体循环的过程。

其次，马基雅维利用"偶然事件"（accidente）来代替"偶然"，从中可看出他强调贵族与人民之间的"分歧"才是将罗马共和国推向"混合政体"的动力。他所说的"偶然事件"并不仅仅意味着那些可以和平解决的、在制度内部实现妥协的分歧，还包括罗马公民拒绝参加城市防御战争而进行的"罢市"（secessio），以及现代意义上的革命带来的暴力或制度之外的暴动。虽然他在《佛罗伦萨史》第三卷第一章中提到罗马共和国的民众并非想要夺走贵族的一切，但是正如《李维史论》第一卷第三十七章所述，他非常清楚罗马共和国时期发生的贵族与人民的矛盾如何威胁到了政治稳定。即便如此，他还是在《李维史论》第二卷第二章中说道，过去所有美好事物都来自"自由生活"（vivere libero），现在的混乱则来自"奴隶生活"（vivere servo）。他还补充道，如果从公民自由的角度出发，公益与私利就都可以得到增长。

最后，马基雅维利认为，"公民自由"是罗马共和国成长为"帝国"的原动力。他不认为"自由"能够保障"安全"。严格地说，他不认为"小型自治城市"能够保障公民的自由。因此，他在《君主论》第三章中提到一个前提，就是"获得（领土）的欲望是非常自然而普通的事情"；在《佛罗伦萨史》第三卷第一章中也提出忠告，政治和社会分歧应以鼓吹"军事德行"（la virtù militare）的方式结束。实际上，《李维史论》第二卷中描写的帝国式罗马共和国在管理周边地区的方式上，与"僭主"如出一辙。就连圭恰迪尼也曾经反驳马基雅维利，认为"扩张不是必然的"。即便如此，马基雅维利从未退缩。他反复强调，如果公民自由得到保障，那么战争中最重要的"人力"与"财力"就可以得到解决，如果公民掌握保卫自由的方法，不仅可以保证国家独立，还可以获得建设帝国的力量。也许，马基雅维利并没有期待在国际关系中实现"非支配自由"和"分歧基础上的共存"。

第五章　解放的领导力

因为人的头脑有三类：一类是靠自己就能够理解，另一类是它能够辨别别人所说明的事情，第三类是既不能自己理解，也不能理解别人的说明。第一类是最优秀的，第二类也是优秀的，第三类则是无用的。因此，这样说必然是合适的：如果潘多尔福不属于第一类，他就属于第二类。

——《君主论》第二十二章

意大利现在不乏可以采取各种方式表现的材料。要是头脑不贫弱，四肢就有巨大的能力。请注意，在决斗中或者在少数几个人的搏斗中，意大利人在力量、机敏和智力上是多么优异啊！但是当他们到了军队的时候就毫无表现。这一切都是由于头头们软弱的结果。

——《君主论》第二十六章

因此，这个时机一定不要错过了，以便意大利经过长时期之后，终于能够看到她的救星出现。我无法表达：在备受外国蹂躏的一切地方，人们将怀着怎样的热爱、对复仇雪耻的渴望、多么顽强的信仰，抱着赤诚，含着热泪来欢迎他！什么门会对他关闭？有什么人会拒绝服从他？怎样的嫉妒会反对他？有哪个意大利人会拒绝对他表示臣服？蛮族的控制对于我们每一个人都臭不可闻了。请你的显赫的王室，以人们从事正义事业所具有的那种精神和希望，去担当这个重任，使我们的祖国在她的旗帜下日月重光，在她的指示下，我们可以实现诗人彼特拉克的话语。

——《君主论》第二十六章

由上述所有情况产生的结果是，在腐败的城邦里要维持一个共和国或者新建一个共和国是很困难的或者是不可能的。而如果真的要在这样一个城邦里建立或维持一个共和国，则必须使它更倾向于王政而不是民主政体，这样，对于那些因为傲慢连法律也无法治理的人可以由一种近似于王权的权力尽可能地加以控制。

——《李维史论》第一卷第十八章

人们对代议制与民主之间紧张关系的政治哲学思考，其时间跨度不亚于思考民主本身的历史。当今时代的主流观点认为，人民从自由任命、罢免政府的权力中获得利益，但仅凭这一点并不能解释民主。目前，学界关于代议制的讨论大体强调了两个方面的问题。

其一，公民在日常生活中表现出的"政治冷漠"是自然的还是人为造成的？一方面，一些人强调"通过选举选出代表"是不可避免的，认为公民们的政治冷漠是自发的。在注重经济行为和个人福祉的日常生活中，公民倾向于选出由专家构成的代表机构，让他们来做政治决定。另一方面，与之相反，一些人将民主解释为意图谋求改变的革命性动机，认为"政治冷漠"是那些想要通过参与来创造新政治体制的公民的政治意志被压制而出现的结果。

其二，应该在何种程度上容忍随机的、不定形的大众要求？如果具备了自由讨论、各抒己见的条件，非专家的大众讨论也可以形成"集体智慧"（collective wisdom）。关于这个问题，人们并没有太多的争议。但是，在制度之外形成的集体审议导致的"制度不确定性"，是否可以视为民主的本质因素，人们对此持有两种截然相反的观点。大多数自由主义理论家们坚持认为，应该把这种不确定性限定在制度之内。但是那些拒绝先验规则或永恒原则的激进民主主义者却认为，这种不确定性就是民主的生机与活力。

如前所述，虽然人们就民主的危机展开了广泛讨论，但对于什么才是值得提倡的"民主式领导"，还没有进行令人满意的系统讨论。原因大致有两个：第一，因为民主的平等主义倾向，在民主社会中，人们对等级和垂直关系有着强烈的反感，即使是受到委任的权限，也会经常面临正当性的危机。因此，目前关于"民主式领导"的讨论就聚焦于，如何在民主社会中减少人们对"强有力的领导力"的怀疑。其结果是，对于能够说服大众接受相反意见的领导力模式的研究就落后了。第二，民主的自我破坏本性。民主社会总是期待着更杰出的领导力。随着政策推进带来的失望，这种期待又会变成对新领导力的渴望。其结果是，人们关于"民主式领导"的讨论，有可能沦为迎合大众拥护的策略，而不是建立在政治哲学洞见基础上的教育。

由此看来，民主式领导的研究迫切需要开展两个方面的课题。首先，需要讨论既不同于权威主义"监护"也不同于民众主义"煽动"的"民主式领导"。当然，有人尝试过这种努力。20世纪90年代以来，人们就开始关注审议民主，英美学界一直在积极地探索以"沟通"和

"讨论"为中心的领导模式，这也可以看作"民主式领导"研究的一个环节。审议民主理论家虽然成功地指出，有必要构建能够引导公民政治参与的制度和"民主审议"，但问题是，他们未能就民主审议中"民主式领导"的存在理由、作用发挥取得重大进展。他们关注的焦点在于如何扩大民主审议的范围，而不是民主式领导如何成为调节矛盾冲突的机制。这也在所难免，因为他们认为，相比"民主式领导"，对民主的权威（democratic authority）进行分散才是更重要的任务。但是，政治领导者在民主审议中的作用非常重要。所以，现在迫切需要研究的是，能够构成"民主式领导"基础的政治、社会和伦理判断依据。

其次，需要补充完善激进民主理论，该理论产生了一种"没有领导的民主"或者"没有政治的民主"。"激进民主理论"意味着民主的自我颠覆，即通过持续反映从公民那里收集的变化要求，推进制度改革、消除支配与被支配关系的一种民主理论。从这个立场来看，民主式领导也许只是一个过时的想法。因为他们认为，如果有人提出某个原则或方向，就有可能破坏民主所具有的"制度不确定性"。民主式领导所要求的政治、哲学判断根据，可能像"共同体意识"和"人权"一样，妨碍民主可能带来的创造性变化。问题在于，仅凭"对共同脆弱性的意识"，如何防止民主社会的所有冲突不会沦落为以"反民主的""非民主的"方式来解决。换句话说，存在这样一种忧虑，即为了避免支配，仅凭即兴形成的"相互防御联合"，是否能缓和那些战斗式的对抗，让这些对抗通过民主审议得到调节。

由此看来，从"民主的领导力"观点出发，有必要回顾马基雅维利着眼于"民众主义"和"多数人"的政治解释。马基雅维利关于领导力的讨论与文艺复兴时期的说服式雄辩以及现代意义上的民主审议都有不同，尽管如此，人们也很难忽视他的主要著作涉及领导力的类型与内容，这是"革命式僭主"或"某一个人"所无法替代的。从《李维史论》第一卷第四十七章可以看出，马基雅维利呼吁的虽然不是"理性"与"情感"的"说服"，但人们也可以看到，通过"恐惧"与"欺瞒"来调节贵族与人民之间的尖锐矛盾——这种类型的领导力的讨论。在下文的分析中，我们可以看到，《君主论》中以"多数人"为中心的政治领导的论述，使得人们有可能展望一种非常有趣的领导模式，这无法用"革命式僭主"一概而论。如果这种分析成立的话，就没有必要再对下面这个问题穷追不舍，即马基雅维利的政治思想到底是民主主义还是共和主义。相反，从他的叙述中发现"民主式的"领导应该具备什么特质才是更重要的。

一　切萨雷·博尔吉亚

虽然就在最近，有人给我们带来了一线希望，可以认为是上帝派来拯救（redenzione）意大利的。可是后来在他的事业登峰造极的时候，他却被命运抛弃了。

——《君主论》第二十六章

我们可以用来责难公爵的，唯有选举朱利奥当教皇这一件事情。在这次选举中他选择错了，因为，正如我已经谈到的，他本来能够阻止任何人当选为教皇；他如果不能够选举一个使自己称心满意的教皇，他也绝不应该同意选举任何一个自己已经得罪的枢机主教或者一个当上教皇就会害怕自己的枢机主教来担任教皇，因为人们出于恐惧或者出于仇恨都会损害你的。

——《君主论》第七章

新君主

切萨雷·博尔吉亚（Cesare Borgia，1475—1507）是我们非常熟悉的一个人物。作为教皇亚历山大六世的长子，他统一了意大利中部的罗马涅（Romagna）地区，甚至想要统一佛罗伦萨所在的托斯卡纳地区。在马基雅维利那个时代，他是最受瞩目的君主。从瓦伦蒂诺公爵、罗马教会军队总司令、红衣主教等华丽头衔可以看出，他拥有着那个时代其他人不敢想象的东西。不仅如此，他还是一个掌握实权的人物。他一方面拥有冷酷而又狡猾的父亲——教皇亚历山大六世的支持，另一方面还得到那些奸诈残忍的西班牙和意大利雇佣兵首领的拥护。

也许正因为如此，马基雅维利在《君主论》第七章中将博尔吉亚视为"新君主"（principe nuovo）的典型，这引起了极大的争议。一方面，他在讨论"新君主"的过程中，讲述的竟然是类似雇佣兵首领的浅薄生存方式；另一方面，马基雅维利在《君主论》中所描写的"新君主"的残忍与欺诈，与他在《李维史论》中憧憬的"自由生活"似乎完全矛盾。的确，《君主论》将这种人物介绍为"新君主"的典范，的确会引起人们的不快。人们不禁会疑惑，如果不用比他们更加残酷和浅薄的方式来武装自己，如何能够铲除这些恶棍？同时也会疑惑，用这种方式实现的"好生活"是可欲的吗？

同样，马基雅维利在《君主论》第七章中描写的切萨雷·博尔吉亚究竟是真正的"新君主"典范，还是为了讽刺当时的意大利僭主而使用的素材，在很长一段时间内，都存在着极大的争议。孟德斯鸠在《论法的精神》中主张博尔吉亚是马基雅维利的真正偶像，卢梭在《社会契约论》中断定博尔吉亚不过是共和主义者马基雅维利的讽刺素材。近年来人们的争议也是大同小异。一些学者认为博尔吉亚是马基雅维利的真正英雄，另一些学者则认为应该通过博尔吉亚来探寻马基雅维利隐藏的故事。当然，要解决这个问题应该从文本出发。但是，就算我们逐字逐句地精读了文本，要想发现他的本意也绝非易事。

摆脱哲人政治情结

马基雅维利在《君主论》第七章中对博尔吉亚作了两种截然相反的评价。一方面，他指出博尔吉亚是"新君主"的典范，是所有人都应该效仿的对象。马基雅维利三次提及他是"新君主"的典范。他首先表明找不到比博尔吉亚的人生历程更适合的、可供效仿的君主守则，其次过度地称赞他的行为中找不到任何可以批评的地方，最后甚至补充道，凡是新掌权的君主，都应该向他学习。

> 如果任何人相信给以新的恩惠就会使一个大人物忘却旧日的损害，他就是欺骗自己。因此，公爵在这次教皇的选举中犯了错误，这就是他终于灭亡的原因。
>
> ——《君主论》第七章

另一方面，如上述引文所示，我们也看到，博尔吉亚是众多失败君主中的一员。虽然其父的"突然死亡"可以归因于不可预知的厄运，使得博尔吉亚的遭遇得到正当化。但实际上，马基雅维利把他描写为一位失败的君主，他允许朱利奥·德拉·罗韦雷（Giuliano della Rovere）成为教皇尤利乌斯二世，从而导致自己走上了穷途末路。

还有另外一件事情值得我们思考，就是博尔吉亚在自己的父亲教皇亚历山大六世和法国军队的支持下才成为意大利的盟主。一般来说，马基雅维利的"新君主"应该是从社会底层白手起家，通过自己的努力而登上高位的人物。就算是出身名门，至少也要像叙拉古的希耶罗一样，通过自己的力量而崛起。从这个标准来看，博尔吉亚甚至没有达到最基本的条件。没有教皇亚历山大六世的强力支援，他就不可能跻身于意大利权力版图之中；没有法国军队的有力支持，他也不可能控制意大利中部。仔细想来，教皇亚历山大六世似乎更加伟大。因为他通过"欺骗"与"外力"让自己的儿子成为意大利的盟主。

那么在依赖他人之力而掌权的博尔吉亚身上，马基雅维利想要强调什么呢？

> 这些统治者都是单纯依靠别人承认自己掌权的好意和幸运，而这两者都是变化无常、毫不稳定的。这类人既不懂得怎样去保持而且也不可能保持他们的地位：他们之所以不懂得，因为除非他们是具有卓越才智和能力的人，我们没有理由期望那些先前常常过着平民生活的人们懂得怎样发号施令；他们之所以不能够保有国家，因为他们并不拥有对自己友好的和忠于自己的势力。
>
> ——《君主论》第七章

如果说博尔吉亚虽然凭借"他人的军队与运气"掌握了权力，但是通过自己的力量成功确立了君主的权威，这样的评价也是不充分的。因为，这个回答没有理解马基雅维利的意图，即将他那个时代的人们从等待超自然、超人能力拥有者的幻想中解救出来。另外，这个回答也无法说明马基雅维利的真实意图，即如何摆脱柏拉图之后形成的"哲人王"讨论，以及如何摆脱当时知识分子把"类似于神"（homoiosis theoi）作为政治家目标的想法。

> 教皇亚历山大六世为了提高他的儿子瓦伦蒂诺公爵的权力地位，遭遇到当时的和后来的重重困难。首先，他想不出什么法子能够使他的儿子成为不是教皇辖地的任何一个国家的君主；他知道，如果他要夺取本来属于教皇辖地的地域，米兰公爵和威尼斯人是不会同意的，因为法恩扎和里米诺都已经在威尼斯人的保护之下。除此之外，他知道意大利的军队，特别是本来可能帮助他的军队，全部掌握在那些可能害怕教皇势力扩大的人们手里，这些人是奥尔西尼家族和科隆内西家族以及他们的追随者，因此他不能够依靠他们。所以，为了成为这些国家的一部分地区的主宰，他有必要打乱这种秩序，并且使他们的国家混乱不堪。
>
> ——《君主论》第七章

从上文可以看出，博尔吉亚的"天生运气"实际上只是其父利用教皇地位进行"欺骗"而来的。而且，如果某人能好好利用"外力"的话，它们就有可能成为自己的力量。在这样的悖论中，马基雅维利完全摆脱了哲人王情结，勾画出一幅"新君主"的肖像画。

"多数人"做出的"评判"

在《君主论》第七章中，马基雅维利提出了应该向博尔吉亚学习的十一项内容。"确保他新建立的王国免遭敌人侵害；招揽四方朋友；靠武力或者讹诈出奇制胜；让人民对自己既爱戴又恐惧；使军队既服从又尊敬；消灭一切能够或可能伤及自身的人；采用新的办法恢复原来的秩序；恩威并用，慷慨大度；解散不忠诚的军队；创建新的军队；与各国国王及诸侯友好往来，使他们不得不殷勤地帮助自己，或者诚惶诚恐不敢得罪自己。"从这些内容来看，没有比博尔吉亚更"生动活泼的事例"（più freschi esempli）了。① 这些内容一方面让我们联想起《君主论》第三章中提到的征服式君主，另一方面又会让我们联想起雇佣兵首领浅薄的生存之道。

值得人们关注的是君主与臣民的关系。马基雅维利建议君主同时做出完全相反的行为。"受到爱戴，且令人感到恐惧。残酷得让人胆寒，同时还要保持宽待的美名。"当时的意大利僭主们应该不难理解如何有效使用"恐惧"与"残酷"，而对于不要满足于"军队"与"外部势力"，应该千方百计争取"人民的支持"这句话却不容易理解。因为他们中的大部分人，与其说是通过人民的支持，不如说是像征服式君主一样，通过武力来掌握权力。因此，"残酷"也许不会引起他们的不快。但是，当马基雅维利建议当时的僭主们，无论通过欺瞒还是恐惧，都应该让人民支持自己，他们一定会感到十分诧异。因为马基雅维利不是让他们成为"慈爱的君主"，而是要以自己再熟悉不过的恶行来确保"人民的支持"。

在这个脉络上，马基雅维利在《君主论》第七章中介绍的"处决雷米诺"（Ramiro de Lorqua）就是一个很好的例子，展示出新君主如何同时得到两个相反的评判（或名声）。首先，博尔吉亚获得评判的方式是非传统的。在马基雅维利眼中，通过"传统的"方式获得"评判"（reputazione）的代表人物是法国的路易十二。就像我们在《君主论》第三章中看到的，路易十二在合并米兰之后，尽全力笼络少数贵族而非多数人民。只不过为了遵守与教皇亚历山大六世的约定

---

① *Principe* 7.（43）.

而犯下了一个错误，就是派兵支援了博尔吉亚。而博尔吉亚则在各方面都与之相反。

> 因为他知道，过去的严酷已经引起人们对他怀有某些仇恨。为此，他要涤荡人民心中的块垒，把他们全部争取过来。他想要表明：如果过去发生任何残酷行为，那并不是由他发动的，而是来自他的大臣刻薄的天性。他抓着上述时机，在一个早晨使雷米罗被斫为两段，暴尸在切塞纳的广场上，在他身旁放着一块木头和一把血淋淋的刀子。这种凶残的景象使得人民既感到痛快淋漓，同时又惊讶恐惧。
>
> ——《君主论》第七章

其次，博尔吉亚站在了"多数人"一边，而非"少数人"一边。通过暴力的方式来平息罗马涅地区的混乱，他的意图也是建立一个"好政府"（buon governo）。他决定使用"帝王式权力"（braccio regio），也是因为公民们成为贵族派系斗争的牺牲品，过着悲惨的生活。在抱着这一目的行动的时候，博尔吉亚并没有将自己的野心包装成道德和利他主义，而是毫不犹豫地使用残酷与欺诈行为。虽然"评判"仍然可以等同于"政治的力量"，但博尔吉亚却认为评判不应通过"道德态度"形成，"道德态度"不是构成评判的尺度。

"多数人"的支持

马基雅维利的最终目的是，在"多数人的支持"中寻找对博尔吉亚做出"好评判"的尺度。当自己的心腹、"最残酷、最机敏的人物"雷米诺的统治激起人民的仇恨时，博尔吉亚为了平息民怨、笼络民心，不惜把雷米诺斩为两段、暴尸广场。从表面上看，雷米诺的残酷与博尔吉亚毫无二致。但是，如果说前者招来了民怨，那么后者则获得了民心。同时，如果前者的"过度行为"可以评判为"肆意妄为"，那么后者设立公民法庭、公开审理雷米诺罪行的"帝王式权威"则给所有人留下了公平的印象。

马基雅维利在《君主论》第十八章中提到"看结果"（si guarda al fine），博尔吉亚应该算是最能透彻理解这句话的君主了。他对引起分裂的"少数人"施以残酷，让那些不愿受到支配、希望安全生活的"多数人"得到满足。换句话说，马基雅维利让人们看到，当共同体的生存与多数人的幸福得到实现的时候，当结果持续地对实现这些目的有用时，"残酷"也就可以被容忍。因此，马基雅维利在《君主论》第七章中如是记载：人民"既感到满足，又感到惊恐"。也就是说，人民在自己的要求得到满足的同时，又如实地感受到了政治权威的严厉。

省略与修辞

我们在读《君主论》的时候，会感觉博尔吉亚好像是患病而死。因为在《君主论》中并未提到这样的史实，即博尔吉亚从尤里乌斯二世的监禁中逃出，跑到了妹夫统治的西班牙北部的纳瓦拉王国，为了镇压那里发生的叛乱而组织军队并任司令官，最后在战斗中遇袭身亡。但是，我们一定不能忘记，马基雅维利指出博尔吉亚的失败是由于他相信了长期以来与他敌对的"少数人"的话，做出了"错误的选择"（mala elezione）。

博尔吉亚在圣安吉拉城中疗养，他的军事实力足以影响红衣主教团。尽管如此，他还是接受了红衣主教们的请愿，因为他们说军事威胁导致教皇选举无法正常进行，他还相信了与他长期为敌的朱利奥·德拉·罗韦雷的支援约定。就在这里，马基雅维利慨叹博尔吉亚没能改变依赖"他人的运气"掌握权力的习惯，再次选择将自己的命运寄托在"他人的力量"上。可以说，马基雅维利的省略是另一种意义上的修辞。

二　吉罗拉莫·萨伏那洛拉

所以，所有武装的先知都获得胜利，而非武装的先知都失败了。因为，除了上述理由之外，人民的性情是容易变化的；关于某件事要说服人们是容易的，可是要他们对于说服的意见坚定不移，那就困难了。因此事情必须这样安排：当人们不再信仰的时候，就依靠武力迫使他们就范。

假使摩西、居鲁士、提修斯和罗穆卢斯不曾拿起武器，他们就不能够使人长时期地遵守他们的戒律，正如我们这个时代的吉罗拉莫·萨伏那洛拉修道士的遭遇一样。当大众一旦不再相信他的时候，他就同他的新制度一起被毁灭了，因为他既没有办法使那些曾经信仰他的人们坚定信仰，也没有办法使那些不信仰的人们信仰。

——《君主论》第六章

除了建立其他保护公民的制度之外，还使人制定了一项法律，允许就八人委员会和执政团对于国事案件所作的判决向人民上诉。这项法律他推动了很长时间，并且费了很大周折才获得通过。该法刚颁布不久，就发生了五位公民因国事罪被执政团判处死刑的事；他们想上诉，但未获准许，因此该法未得到遵守。这件事令那个修士失去的声望比任何其他事件都多。因为如果那种上诉权是有用的，就应该遵守之；如果它没有用，就不应该让它获得通过。而这个事件更加引人注意之处在于，这个修士在这项法律被破坏之后，在其所进行的那么多布道中，既从未谴责破坏法律者，也从未原谅他们；因为谴责这种违法是他所不想的（因为这事正合他意），但原谅这种违法他又不能。这件事暴露了他精神上的野心和褊狭，从而使他失去声望，并受到很大责难。

——《李维史论》第一卷第四十五章

新耶路撒冷

1498 年 5 月 23 日清晨，修道士吉罗拉莫·萨伏那洛拉和追随他的两名多明我会（Dominican）修道士一起，在佛罗伦萨的市政厅广场被处以火刑。与他们同时消失的，是过去四年间笼罩在佛罗伦萨的"新耶路撒冷"（Nuova Gierusalemme）之梦。4 月 19 日，萨伏那洛拉受审的那一天，卢卡·兰杜奇（Luca Landucci）在日记中写道"耗尽心血建起的高楼在一瞬间坍塌，令人悲痛"，"像新耶路撒冷一样的佛罗伦萨之梦，怎么可能是建立在谎言（una sola bugia）之上的呢？"① 当这些修道士消失在熊熊烈焰中的时候，也许每一个佛罗伦萨公民都会提出同样的疑问。

但是，马基雅维利一直确信，从萨伏那洛拉登场开始到完全没落，他的预言都是谎言。就像《李维史论》第一卷第十一章中提到

---

① Luca Landucci, *Diario fiorentino dal 1450 al 1516 di Luca Landucci*, continuato da un anonimo fino al 1542, annotazioni. Iodoco Del Badia（Firenze：G. C. Sansoni editore, 1883），173.

的，马基雅维利根本不想就萨伏那洛拉声称的自己"曾与上帝对话"（che parlava con Dio）进行判断。① 就像创建罗马宗教的奴玛（Numa）谎称与精灵对话、不过是在需要时进行的欺骗罢了。相反，马基雅维利批判的那些问题都是政治性的。萨伏那洛拉把公民的正义感完全消耗在与"公民自由"和"共同体生存"毫不相关的、不必要的目的上，并且违反自己制定的法律，让人们意识到他的统治不是在行使"政治权威"，而是在运用"物理力量"。

正因为如此，马基雅维利从未指责那些相信萨伏那洛拉预言的佛罗伦萨公民。既没有指责他们无知、浅薄，也没有说过无可救药之类的话。像"虚荣之火"（Falò delle Vanità）之类毫无必要的集体行动，不分青红皂白地挥出憎恶的拳头，完全就是萨伏那洛拉及其追随者犯下的错误。正因为如此，政治就是贯彻"朋党"利益的偏见深入人心，市民认为"力量"而非"法律"才是解决问题的方法，这一切都成为理所当然的结果。也许对于马基雅维利来说，萨伏那洛拉是那种哪怕武装起来也难以摆脱失败命运的预言者。

愤怒与希望的协奏曲

萨伏那洛拉的故乡在意大利东部城市博洛尼亚附近的费拉拉。意大利建筑家比亚乔·罗塞蒂（Biagio Rossetti）的痕迹散见于城市的各个角落，它是一个让所有到这里的人都能沉浸在文艺复兴之美的浪漫城市。在这里，萨伏那洛拉出生在一个兼具商人与博物学家气质的家庭，在家中七个孩子里排行第三。虽然曾经决心追随祖父当一名医生，但也许是因为与生俱来的诗学天赋，他开始醉心于圣经研究，并

---

① *Discorsi* 1.11.（24）-（26）.

成为一名多明我会修道士。作为精通托马斯·阿奎那的神学家，他放弃了神学研究这条道路，在 1482 年突然转到佛罗伦萨圣马可修道院担任一名讲师。由于他的费拉拉口音和学究式态度，他的传教与教学都不太受欢迎。但是，在 1486 年四旬节的传教中，他的信仰告白充满了"启示性的异象"，要求基督教会进行"真正悔改"，几乎达到了具有挑衅意味的程度。

1487 年，萨伏那洛拉还在博洛尼亚讲授神学。有趣的是，洛伦佐·美第奇把他召回了佛罗伦萨。1490 年，洛伦佐把萨伏那洛拉带回佛罗伦萨的时候，他已经离开讲坛正在小城市巡回布道，通过这些活动积累的名声甚至传到了受洛伦佐监护的哲学家皮科·德拉·米兰多拉（Pico della Mirandola）的耳中。皮科高度评价了萨伏那洛拉对罗马教会的批判，向洛伦佐建议通过萨伏那洛拉来展示美第奇家族的虔诚信仰。但事与愿违，一年后，萨伏那洛拉当选为圣马可修道院院长，他便开始同时声讨罗马教会的腐败和美第奇家族的暴政。

在 1492 年洛伦佐去世之前，萨伏那洛拉的布道已经吸引了很多听众。听他布道的人已经多到圣马可圣堂无法容纳，只能换到圣玛利亚大教堂的程度。他指出，为了清除意大利与佛罗伦萨的腐败，"神的利刃"（la Spada di Dio）马上就会落下，许多人因为这个警告而开始追随他。由于继洛伦佐之后掌握美第奇家族的皮耶罗·美第奇（Piero di Lorenzo de' Medici）懦弱无能，让萨伏那洛拉的攻击变得更加肆无忌惮。[①] 当 1494 年 8 月法国查理八世以那不勒斯王国的继承权为借口进兵意大利的时候，公民们都认为萨伏那洛拉的预言实现了，

---

① Girolamo Savonarola, *Prediche sopra Aggeo*, cura. Luigi Firpo（Roma：A. Belardetti, 1965），Novembre 1, 1494.

所以他能获得支持并不是没有事实根据的。

萨伏那洛拉介入政治

佛罗伦萨公民们并不把皮耶罗·美第奇屈服于查理八世，打开通往那不勒斯之路看成一场外交上的胜利。虽然许多城市都向查理八世敞开了大门，但是在皮耶罗惊慌失措之时，附属于佛罗伦萨的港口城市比萨突然宣布独立，这是一个致命的打击。1494 年 10 月，查理八世驻扎在比萨后，佛罗伦萨的贵族已经分裂成亲法国派与亲教皇派。佛罗伦萨在表面上执行反法政策，实际上，皮耶罗和查理八世结成同盟的传闻已经开始流传。10 月 26 日皮耶罗造访查理八世的军营时被俘，并接受了近乎投降的苛刻条件，佛罗伦萨公民得知后对美第奇家族怒不可遏，遂造成一发不可收拾的局面。

11 月 5 日，数千名法国军人侵入佛罗伦萨，占据民房，不论贫富，肆意掠夺，佛罗伦萨公民遭受了前所未有的耻辱。在这种情况下，佛罗伦萨的实际统治者"执政团"（Signoria）召集元老"大会"（pratica），正式宣布了美第奇家族统治的结束。相当于上院的百人委员会正式确认，佛罗伦萨恢复为真正的共和国。与此同时，萨伏那洛拉向查理八世派遣特使，谴责了美第奇家族一直以来的反法政策，并希望法军能够停止在佛罗伦萨的掠夺。从这时起，萨伏那洛拉开始走进佛罗伦萨的权力核心。11 月 9 日，皮耶罗曾经短暂返回佛罗伦萨。但是，他被街头市民"人民与自由"（Popolo e Libertà）的愤怒呐喊声包围，不得不走上了流亡之路。

11 月 17 日，查理八世进入佛罗伦萨后，公民们对萨伏那洛拉的信任得到了进一步的强化。虽然人们对查理八世表示了热烈欢迎，但还是用恐惧的眼神观察他的一举一动。实际上，查理八世认为操纵美第奇家族比掌控公民要容易得多，而且有传闻称皮耶罗的夫人阿芳西娜·奥西尼（Alfonsina Orsini）已经买通了查理八世的顾问。这时，萨伏那洛拉又完成了一件让佛罗伦萨公民敬佩万分的大事。11月21日，查理八世与佛罗伦萨公民的矛盾激化到了顶点，萨伏那洛拉以"不要忘记神所赋予的使命"的嘱托说服了查理八世，最终达成了令人惊讶的妥协，其中包括所有佛罗伦萨公民焦急等待的条款，如：比萨的恢复、城堡的复原、军费的减免、法军的移防等等。

"预言者"？抑或"僭主"？

查理八世在11月28日离开之后，萨伏那洛拉及其追随势力便掌握了佛罗伦萨的大权。但是，从一开始，萨伏那洛拉的宗教式、道德式的政治改革就遇到了困难。他所承诺的"新耶路撒冷"包含着一个具有普遍性的基督教世界观。与之相反，佛罗伦萨公民们的愿望是恢复佛罗伦萨所特有的环境，也就是恢复"公民自由"。萨伏那洛拉的终极目标是通过"宗教的悔改"来恢复基督教信仰，但公民们真正需要的是日常生活必需的"面包"。"上帝希望通过佛罗伦萨建立新世界"的布道虽然实实在在地感动了人们，但是公民们更想看到"更富足、更强大、更光荣的佛罗伦萨"这一预言的实现。

因此，随着时间的流逝，萨伏那洛拉的说教色彩越来越强烈，而公民们对他的道德教诲感到越来越厌倦。美第奇家族独裁统治机构的废除，从前共和国机构的恢复，以及让更多的人参与到大评议会（Consiglio Maggiore）的政策，都得到了公民们的广泛欢迎。1494年12月，萨伏那洛拉声称所有改革措施都是神的作品的时候，没有人反问，新建的"人民政府"（governo popolare）是不是皮耶罗·卡波尼（Piero Capponi）与弗兰西斯科·瓦罗里（Francesco Valori）政治野心的产物？此二人曾经服侍美第奇家族，现在又变身为萨伏那洛拉的追随者。但是，1495 年以教皇亚历山大六世为中心的势力结成了反查理八世同盟，占领了那不勒斯，法国不得不撤军，萨伏那洛拉的权威开始遭到动摇。神的应许越来越远，曾经依仗的法国撤出后，萨伏那洛拉开始面对公民们冷峻的评判。马基雅维利在《君主论》第六章中，针对萨伏那洛拉的事例说道："所有武装的先知（tutt'i profeti armati）都会所向披靡，而非武装的先知则会一败涂地。"还说道："要说服人们是容易的，可是要他们对说服的意见坚定不移，那就困难了。"他主张，在人们不再相信的时候，应该用"强迫的"（perforza）手段使之相信，还提到圣经中的摩西也屠戮了三千名不听从自己的以色列人。但是，马基雅维利在"非武装的先知"的故事中，没有告诉我们佛罗伦萨公民为什么不再相信萨伏那洛拉。为了知道这个缘由，有必要参考《李维史论》的相关内容。

马基雅维利在《李维史论》第一卷第四十五章中指出，萨伏那洛拉的没落始于他的"统治"本身。在萨伏那洛拉的力主之下，经过议会长期的讨论，最终通过了一个法案，宣布那些受到有罪宣判的政治犯，拥有向人民提出上诉的权利。但是，这个法案通过后不久，萨伏那洛拉的政敌以国事罪被判死刑时，他默许了追随他的瓦洛里剥夺了这些人的上诉权。他给人们留下了自己违反自己制定的法律这一印象。从这一点来看，马基雅维利认为萨伏那洛拉之所以没落，不是因为人民善变，而是因为他自己破坏了人民信赖他的基础。萨伏那洛拉的政治也只是基于朋党利益的私心，曾经的"虚荣之火"已经耗尽了人们的正义感，现在不断增长的只有对他的反感。

三　希耶罗与布鲁图斯

作家们对叙拉古的希耶罗在他身为平民时的赞颂，更甚于对马其顿的佩尔修斯在他身为国王时的赞颂：因为对于希耶罗来说，要成为君主，他不缺少任何东西，只缺少一个王国而已；而佩尔修斯，除了有一个王国外，不具有君主的任何品质。

——《李维史论》献词

任何人也不应被恺撒的荣耀所欺骗，听说他得到作家们的极大颂扬；因为那些赞美他的人为他的运气所败坏，并且为帝国的长久所吓倒，因为只要那个帝国在"恺撒"名义的统治下，就不准许作家们对他随意发表意见。但是，如果想知道这些作家秉笔直书时会如何评价恺撒，那么不妨看看他们是如何贬斥喀提林的，因为与他相比，恺撒更应该受到责备，因为喀提林不过是试图实施一桩恶行，而恺撒却已经完成了这桩恶行；还可以看看，他们对布鲁图斯予以多么高的赞颂，就好像由于不能责备恺撒，因为他有权势，所以他们就赞颂他的死敌。

——《李维史论》第一卷第十章

他要像那些聪明的射手那样行事，当他们察觉想要射击的目标看来距离太远，同时知道自己的弓力所能及的限度，他们瞄准时就比目标抬高一些，这并不是想把自己的箭头射到那样高的地方去，而是希望由于瞄准得那样高，就能够射中他想要射的目标。

——《君主论》第六章

事实与虚构

阅读马基雅维利的著述，有时不免会感到困惑，因为他提到的所谓历史事实已经超过了夸张和歪曲的程度，几乎是完全的虚构。特别是当他指出某个特定人物的事迹值得模仿的时候，我们经常可以看到他把与历史记载完全不符的例子叙述得像事实一样。在《君主论》第十四章中登场的居鲁士二世就是一个很好的例子。根据历史学家希罗多德的记载，居鲁士是被马萨格泰女王托米丽司俘获后，在屈辱中被处死。① 马基雅维利却说他是在征服了所有自己能够征服的领土后，平静地结束了自己的一生。也就是说，他把色诺芬《居鲁士的教育》一书中的居鲁士生平当作真实历史进行了叙述。②

当然，我们不应该把马基雅维利这种游离于"事实"与"虚构"之间的叙述看作单纯的错误或夸张的修辞。因为，他的"虚构"并非"失误"或"夸张"，而是在计划之中。实际上，他所使用或引用的"虚构"是有意的，包含了他试图说服的对象必须效仿的"行动"，或者诱发这种行动的"判断根据"。他所润色加工的"伟大人物们"的事迹中包含了他想要传达的教训，这些教训与历史事实同样重要。因此，在《君主论》第十四章的末尾，他说西庇阿（Scipio Africanus）效仿了"色诺芬描述的居鲁士的生平"（la vita di Ciro scritta da Senofonte），这句话一点都不奇怪。只是，他在《君主论》第六章中提出的若干个应该模仿的人物，其中的居鲁士到底是历史人物还是虚构人

---

① Herodotus, *Histories*, in *Herodotus* Vol. 1, trans. A. D. Godley（Cambridge：Harvard University Press, 1920）, 1. 214.

② Jun-Hyeok Kwak, "Machiavelli and Aristotle：Reconsidering the Education of Tyrants in the Prince", *Korean Journal of Political Science*. Vol. 21. No. 3, 21 – 45.（Korean）

物，会令人产生混淆。

"能够模仿的"伟大

从这个角度来看，我们有必要关注两位政治领导者，"希耶罗二世"（Hieron Ⅱ）和布鲁图斯（Lucius Junius Brutus）。马基雅维利在《君主论》中提出要效仿前者，在《李维史论》中主张要效仿后者。有趣的是，这两个人都难以跻身"伟大人物"之列。与《君主论》第六章中介绍的"最伟大的例子"（grandissimi esempli）相比，这两人既没有丰功伟绩，也没有神迹一般的经历。虽然两人都建立了新的国家，但是他们既没有像亚历山大大帝效仿阿喀琉斯实现了人类能力无法企及的伟大，也没有像西庇阿效仿居鲁士展现出非凡的道德水准，更没有像摩西或罗慕洛一样拥有神话般的故事。相反，此二人体现的是任何人都可以模仿的伟大。

当然，马基雅维利在《君主论》第六章中强调"潜在的君主"应该真诚地努力使自己接近那些在信仰和神话中存在的人物。就像那些瞄准远处目标的"审慎的弓箭手"（gli arcieri prudenti）一样，应该把目标定得比一般人期待得更高。但是，他深知"伟大的人物们"是难以效仿的。因此他一方面主张效仿伟大人物，另一方面还传达了如下嘱咐：亚历山大大帝为了维持自己建设的帝国，像神的儿子阿喀琉斯一样行动，神话和信仰也应该为了实现"计划"或"目标"而使用。从同一脉络来看，马基雅维利重复地强调，实际地建立一个国家的时候，需要留意希耶罗和布鲁图斯之类的人物是如何行动的。

希耶罗二世

马基雅维利在《君主论》第六章中将希耶罗作为一个"不太重要

的事例"（uno esemplo minore）来介绍。但事实并非如此。就像我们在《李维史论》的献词中所看到的，他认为希耶罗在登上王位之前"除了权力，已经具备了君主应有的所有品质"。在《君主论》第十三章中，他把取得人民支持而成为君主的希耶罗，描写成一个全力抵抗强大的罗马共和国，成功守卫叙拉古的卓越政治家。也就是说，潜在的君主是新君主的过去时态，希耶罗是那些希望成为新君主的潜在君主们一定要学习的将来时态。正是在这里，马基雅维利把希耶罗塑造成他自己梦想的"新君主"的典型。不是那种对人民慈爱有加、在战争中勇猛无敌的"模范君主"，而是通过获得"人民的支持"而掌握权力的"新君主"。

希耶罗的确是通过"人民的支持"而登上王位的。坎帕尼亚的雇佣兵马麦丁人（Mamertines）在阿加托克利斯（叙拉古的僭主，317 BC—289 BC）死后占据了墨西拿（Messina），并直接威胁到了叙拉古，陷入恐惧的叙拉古人让希耶罗担任队长进军墨西拿。这场战争中，希耶罗在今天的米拉佐（Milazzo）附近的战斗中击溃了雇佣兵，因此，叙拉古人把战争英雄拥立为王。马基雅维利在《君主论》第六章中使用的"人民的首领"（capitano）这一表述毫不奇怪。但值得注意的是，他把"人民的支持"形容为命运女神赋予的"机会"（la occasione）。从表面上看，获得"人民的支持"这一机会来自"外部的威胁"，但也可以说，"人民的支持"是新君主应该具备的重要条件。

更重要的是，马基雅维利在《君主论》第十三章中描述了希耶罗的"残酷"与"欺瞒"。他按自己的方式对波利比乌斯《历史》第一卷的相关内容进行了修改。

这个人被叙拉古人推举为军队的长官，他随即发觉那些像我们意大利雇佣军那样组成的雇佣军是无益的，并且觉得自己既不能够保有他们又不能够将他们解散，他不得不把他们全部斩杀。以后，他就率领自己的军队而不是外国的军队作战。

——《君主论》第十三章

根据波利比乌斯的记载，希耶罗把叙拉古的雇佣兵故意丢弃在战场上，任由马麦丁人屠杀，此后与叙拉古公民、新招募的雇佣兵一同作战。马基雅维利沿用了希罗多德的大部分记载，但对于希耶罗重新招募雇佣兵并依靠雇佣兵统治城市的史实却讳莫如深。他隐瞒了希耶罗组织的"自己的军队"就是雇佣兵这一事实，仿佛希耶罗是通过公民组织的军队统治城市。最终，马基雅维利所说的"获得的过程中经历了极大的困难（durò），但在维持时几乎没有困难"这一论断，是为了强调"人民的支持"而故意歪曲事实。①

尤尼乌斯·布鲁图斯

马基雅维利在《李维史论》第三卷第二章中把建立罗马共和国的布鲁图斯描述为"最审慎的人"之一。特别是，马基雅维利称赞布鲁图斯在舅舅苏培布斯（Tarquinius Superbus）的统治下像傻瓜一样做蠢事，认为这是无人能及的智慧。正因为如此，马基雅维利把布鲁图斯描绘成一个计划缜密、行事周全的人物，而这种描写在李维的《罗马史》中是无处可寻的。

从来没有人因为自身的任何杰出的行为，像尤尼乌斯·布鲁

---

① *Principe* 6.（29）.

图斯那样，因为装疯而被认为是谨慎的或是明智的。虽然提图斯·李维只说明促使他这样假装的一个原因（那就是为了能够更安全地活着和保持自己的财产）；但是，考虑到他的行事方式，可以认为，他假装如此也是为了较少引人注意，从而更加容易制伏国王和解放他的祖国，无论何时只要他有这样做的机会。

——《李维史论》第三卷第二章

如引文所见，马基雅维利认为布鲁图斯并不仅仅是为了个人的安全而装疯卖傻，他还为了避开周围人的视线，使自己免受暴君的压制，进行有效的自我防御，并通过这个方式更容易地实现"驱赶暴君，解放祖国"。

在同样的前提下，马基雅维利提出，布鲁图斯是"对君主不满的人必须效仿的对象"。他指出，布鲁图斯的一举一动都是经过精心设计的。在阿波罗神殿前摔倒，是在祈祷自己的计划能够得到神的庇护。在被玷污而自杀的卢克丽霞（Lucretia）尸体旁边，比她的丈夫和家人更快地将匕首拔出，也是出于精确的计算。在这里，马基雅维利将布鲁图斯的"伪装术"解释成类似安东尼奥·葛兰西（Antonio Gramsci）所说的阵地战（la guerra de posiciones）。在还没有力量与君主进行"公开战争"（guerra aperta）的时候，就应该像布鲁图斯一样，不断培养自己的力量，在权力周围寻找机会。

马基雅维利在《李维史论》第三卷第三章中将布鲁图斯彻底改编成"共和主义"的领导者典型。这里马基雅维利还把布鲁图斯近乎残酷的彻底的"对祖国的热爱"，与自己曾经辅佐过的皮耶罗·索德里尼愚蠢的"优柔寡断、谨小慎微"进行了比较。

　　布鲁图斯在罗马严厉地维持他在那里取得的那种自由，与他装疯卖傻一样的必要，也一样的有用，这种严厉在所有的历史记载中鲜有匹敌。看看父亲参加审判，不仅判处自己的儿子们死刑，而且在处死他们时亲临刑场。读了古代历史的人总是会明白这一点，即在一次政权更迭之后，无论是从共和变为专制还是从专制变为共和，对于敌视现状的人，都必须遭受某种令人难忘的处罚。因为取得专制而不杀死布鲁图斯的人，和使一个国家变得自由而不杀布鲁图斯诸子的人，都维持不了多久。因为上文对这个问题作了详细讨论，所以我要重新提到那时所说的有关内容。这里我只举出一个在我们这个时代、在我们的祖国令人难忘的例子。这个人就是皮耶罗·索德里尼，他自认为以他的耐心和善意能够克服布鲁图斯的儿子们心中恢复旧政权的欲望，然而他错了。虽然他因为精明而认识到这种必要性，虽然命运以及那些反对他的人的野心，使他有机会消灭他们，但他从来没有下定决心要这么做。

　　　　　　　　　　　　　　——《李维史论》第三卷第三章

　　马基雅维利浓墨重彩地描写了布鲁图斯处死反对共和国的两个儿子一事。共和国一成立，就有贵族子弟认为自己仕途受阻而图谋不轨，布鲁图斯甚至处死了牵涉其中的两个儿子，从而彻底地将政治权威的严厉烙印在人们的心中。马基雅维利称，这是为维持"新获得的自由"而采取的"必要"措施。相反，马基雅维利指出，索德里尼却因为不必要的"耐心"和"良善"，让那些寻求美第奇家族重返佛罗伦萨的贵族们篡夺了政权。也就是说，领导者的无能让佛罗伦萨公

145

民们重新陷入了奴隶状态。

"可能性"的美学

亚里士多德思考"善好"（agathon）的同时，也考虑了"有用"（chresimos），将"军事上的卓越"与政治上的卓越视为政治体制应该追求的目标之一。但是，亚里士多德认为，如果仅仅强调军事与政治因素，统治就不再依靠"法律"（nomoi），而只是为了"支配"（to kratein）。如果我们忠实地遵循亚里士多德的政治思想，那么谁都无法说出"有好的军队（buone arme）就一定有好的法律"这种话。但是，马基雅维利在《君主论》第十二章中毫不犹豫地说出了这个观点。因为马基雅维利将"善好"或"幸福"与"活着"（zen）相关联，而非"活得好"（eu zen），不是通过灵魂对"正义"的追求，而是通过"战争"和"分歧"中获得的"必然性"，来寻找良法的坚实基础，所以对于这样一位哲学家说出上述那种观点就更不足为奇了。

也许正因为如此，马基雅维利在《李维史论》第一卷第三章中叮嘱未来的领导者，在建立共和国或制定法律的时候，应该将人类随时都会使用"邪恶精神"（la malignità dello animo）"作为前提"（presupporre）。① 虽然并非断定人性本恶，但那些决心重获或保卫公民自由的政治家，需要洞察"人类邪恶和懒惰的属性"。马基雅维利在第一卷第四章中补充道，如果不具备这种洞察力，政治家就不可能确立"好的法律"，拥有"好的军队"，也不可能设想通过"分歧"来制定"好的法律"，更不可能具备保卫公民自由的实践智慧。

但是，对于马基雅维利来说，共和主义政治家的典型是在诗的想

---

① *Discorsi* 1. 3.（2）.

象力中勾画出来的，这不同于有关"活着"的知识。他也相信，诗的想象力可以调节关于"永恒"的哲学苦恼与关于"过去事情"的历史记述之间的张力，只有诗的想象力才能让人们期待一个"概然性"的世界。他说西庇阿效仿的是色诺芬的居鲁士，而非修昔底德的居鲁士，博尔吉亚在公开的报告书中被描写成一个傲慢、残酷的人，在《君主论》中却摇身一变成了新君主的典范。他对诗的概然性中产生的可能性抱有希望。因此，对于他来说，应该效仿的伟大人物事迹并非熟练的技术或确定的知识，而是在具体情形中表现出来的可能性的美学，即通过诗的构成而重生的"审慎"的历史。无论如何，他所期待的领导者就算不是来自诗的想象力，也是一个同时代人绝对无法想象的人物。

结　语

一

回顾共和主义的历史，每当悲观主义蔓延的时候，都会出现一种特别的政治态度，就是把类似恺撒与拿破仑的僭主的出现与社会的总体腐败相关联，并把放任僭主登场的政治家视为沉浸于个人贪欲的煽动者。[①] 罗马共和国末期是这样，法国大革命以后也是这样。

马基雅维利将这种"悲观道德主义"背后的"恶"与两种错误的政治结果相提并论。一个是盲目的暴力行为。他希望冷静地看待这样一种历史经验，就是把"道德"放在首位的悲观主义不仅否定政治，而且否定人类本身。另一个是政治冷漠。他希望佛罗伦萨能够避免重复的失败，因为这种失败将人们带到"挫折"的终点——"对政治的幻灭"。

因此，马基雅维利对于通过"一个人"的绝对权力来统治全部社

---

① Luciano Canfora, *Julius Caesar*, *The Life and Times of the People's Dictator*, trans. Martin Hill and Kevin Windle (Berkeley, CA: University of California Press, 2007), xiv – xv.

148

会阶层的意图持反对态度。虽然他比任何人都能够冷静地看待罗马共和国末期恺撒掌权的必然性，但却叮嘱人们对效仿恺撒的、类似于墨索里尼的人物所采用的欺瞒手段，一定不能袖手旁观。他虽然不排斥将政治定义为"为权力而进行的斗争"，但是马基雅维利也警告，如果人们在肯认政治的非道德性的同时，把人性的弱点隐藏在政治理念之中，放任此类行动必定会引起崩溃。

因此，马基雅维利梦想着"非支配"。这种期待不仅是针对领导者的，也是针对公民的。希望公民们能够意识到自己的"力量"，同时也希望他们明白这种力量所带来的好处和坏处。他希望公民不要只热衷于获取赞美，而忽视了听取批评。越是保障公民政治参与的社会，公民就越需要这样的洞察力。

二

与共和主义相比，"非支配"这个概念的历史要更加悠久。在制度思想史上，这个概念首次出现在雅典时期，其民主正义的平等原则具体体现在"公民享有的社会政治境况"。只有共同体的成员，而非奴隶和外邦人，或者说只有自由公民才能享有"非支配"，也就是一系列资格和权利的总和，雅典民主制所标榜的平等原则，其内涵就在"非支配"中得到揭示。

"自由"与"非支配"开始正式成为同一概念始于罗马共和国时期。罗马共和国试图通过"非支配"的概念，让"自由"一词涵盖雅典民主追求的平等原则。正如拉丁语中的"自由"（libertas）意味着"自由人（liber）享有的"，罗马人将"自由"理解成"非奴隶的状态"或者"公民应该享有的最低限度的社会政治境况"。

从这时起，自由就开始意味着"不从属于他人恣意意愿的状态"，即"非支配"。

随着"自由主义"的出现，人们便开始将非支配自由理解成"同意""不干涉"以及"强制之阙如"。在对抗绝对王权、保卫个人权利的过程中，与社会政治方面应该享有的境况（条件）相比，人们更多关注的是根据自然应该受到保障的权利。相比"自由人"应该得到保障的社会政治境况，人们更多强调的是"自然人"应该受到保护的自然权利。在"自由"的概念中，"非支配"的社会政治含义被大大简化为"同意"或"干涉之阙如"。

因此，本书中强调的"非支配"并非一个全新的概念。尽管我们寻求恢复"自由"概念中失落的社会政治意义，但这并非提出或确立某个全新的原则。需要从文本中发现的是，马基雅维利如何通过公民自由来解释"非支配"，为何将"非支配"作为自由共和政体的原则，以及通过公民力量将"非支配"具体化的意图。

近年来，学界重新审视"非支配"的理由也大同小异。① 人们期待通过"非支配"来恢复反共同体主义也反原子化的公民自由。同时，公民在保守自由主义浪潮的冲击下沦落为无助的个体，民主在经济学逻辑下被打上无效率和无能的烙印，民族主义仍然和从前一样被当作共同体稳定与政治动员的手段，人们对这些问题的担忧强化了学界对"非支配"的关注。但是，当我们审视这些政治社会问题时，就会发觉学界关注如何通过"非支配"来恢复公民品格，似乎早就应该进行了。

---

① Jun-Hyeok Kwak，"Why and Which Republicanism?"，*The Journal of Asiatic Studies*，Vol. 51，No. 2（2008），133 – 163.（Korean）

三

在这个背景下，关于马基雅维利的政治思想，笔者还想再补充一点，即"可能性的平等"。正如齐格蒙特·鲍曼（Zygmunt Bauman）所指出的，"贫穷的、没有未来的人"和"富裕的、乐观的、自信的、精力充沛的人"之间的差距变得越来越大。"少数人"与"多数人"的紧张，"拥有的人"与"匮乏的人"之间的对立，似乎已经无法通过民主程序来解决了。尽管不像鲍曼所说的那样悲观，但值得注意的是，"民主"本身将因为不平等的加剧而遭受最大的损害。[①]

当然，这并不是说要通过理想化的方式来解决"不平等"这个与人类同时出现的问题，也不是要煽动人们感情用事。越是相信"民主审议"能够通过"民主程序"解决所有的问题，就越应该为保障公民自由而认真思考"不平等"的问题。就算某人坚持自由主义的原则，认为追求个人利益能够为实现公共利益提供最佳机制，也应该考虑到一个社会需要均等分配的不只是"成功的机会"，还有"成功的可能性"，后者正是实现"非支配"的条件。

特别是，有必要认真讨论要求"观察者先于运动进行反思"的马基雅维利共和主义。众所周知，他的一生都是在被权贵阶层排除在外的环境中度过的。对富裕"绅士们"（gentiluomini）郁积的愤怒，对未来绝望的慨叹，始终困扰着他。即便如此，我们也无法从马基雅维利身上发现敌视的嫉妒或者情感的煽动。相反，他不断试图把罗马共

---

① Zygmunt Bauman, *Does the Richness of the Few Benefit Us All?* (Malden, MA: Polity, 2013), 2 - 3.

和国的"卓越性"与自己梦想的共和国的"可能性"相结合。[①] 如果这些努力在今天能够得以适当重提，那么马基雅维利共和主义中的政治设计就可以为克服"寒门再难生贵子，白屋不再出公卿"的自嘲中所包含的悲观现实主义提供一个开端。

四

政治思想史中，没有所谓的"客观解释"。历史发展的脉络，文本的内容，无论是哪一个都无法摆脱解释者的思维定式。即便如此，如果能搭建起一个可以对想法进行比较的平台，就可以超越立场的差异，更深刻地体会思想家的文本深意。希望这本书能够为这个平台的建立作出一点微薄的贡献。

---

① *Discorsi* 1. 55.（27）.

参考文献

Aristotle. 1926. *The Nicomachean Ethics*. trans. H. Rackham. Cambridge: Harvard University Press.

Aristotle. 1932. *Politics*. trans. H. Rackham. Cambridge, MA: Harvard University Press.

Atkinson, Catherine. 2002. *Debts, Dowries, Donkeys*. Frankfurt: Peter Lang.

Bauman, Zygmunt. 2013. *Does the Richness of the Few Benefit Us All?* Malden, MA: Polity.

Bausi, Francesco. 2005. *Machiavelli*. Roma: Salerno Editrice.

Bruni, Leonardo. 1978. "Panegyric on the City of Florence", in *The Early Republic: Italian Humanists on Government and Society*. edited by Benjamin G. Kohl, Ronald G. Witt, Elizabeth Welles. Philadelphia: University of Pennsylvania Press, 149 – 151.

Canfora, Luciano. 2007. *Julius Caesar, The Life and Times of the People's Dictator*, trans. Martin Hill and Kevin Windle. Berkeley, CA: University of California Press.

Cicero. 1927. *Tusculan Disputationes*, trans. J. E. King. Cambridge: Harvard University Press.

Cicero. 2000 [1928]. *De Re Publica & De Legibus*, trans. Clinton Walker Keyes. Cambridge, MA: Harvard University Press.

Cicero. 2001 [1913]. *De Officiis*, trans. Walter Miller. Cambridge: Harvard University Press.

Eric Voegelin. 1999. Renaissance and Reformation, in History of Political Ideas Vol. 4, edited by David L. Morse & William M. Thompson. Columbia: University of Missouri Press, 31 – 87.

Fontana, Benedetto. 1993. *Hegemony and Power: On the Relation between Gramsci and Machiavelli.* Minneapolis: University of Minnesota Press.

Gilbert, Felix. 1949. "Bernardo Rucellai and the Orti Oricellari: A Study on the Origin of Modern Political Thought", *Journal of the Warburg and CourtauldInstitutes.* 12, 101 – 131.

Green, Jay eds. 2005. *The Interlinear Bible: Hebrew-Greek-English.* Peabody, MA: Hendrickson Publisher.

Guicciardini, Francesco. 1970. *Opere di Francesco Guicciardini.* Vol. 1 – 3. cura. Emanuella Lugnani Scarano. Torino: Unione Tipografico-Editrice Torinese.

Hegel, Georg W. F. 1953. *The Philosophy of Hegel*, edited by Carl Friedrich. New York: Modern Library.

Herodotus. 1920. *Herodotus.* Vol. 1. trans. A. D. Godley. Cambridge: Harvard University Press.

Hörnqvist, Mikael. 2004. *Machiavelli and Empire.* New York: Cambridge University Press.

Kwak, Jun-Hyeok. 2008. "Why and Which Republicanism?", *The Journal of Asiatic Studies*, Vol. 51, No. 2, 133 – 163. (Korean)

Kwak, Jun-Hyeok. 2013. "Machiavelli and Aristotle: Reconsidering the Education of Tyrants in the Prince", *Korean Journal of Political Science*, Vol. 21. No. 3, 21 – 45. (Korean)

Kwak, Jun-Hyeok. 2013. "Non-dominative Leadership: Re-appropriation of Pedagogical Rhetoric in Machiavelli's The Prince", *Korean Political Science Review*, Vol. 47, No. 5, 27 – 50. (Korean)

Landucci, Luca. 1883. *Diario fiorentino dal 1450 al 1516 di Luca Landucci, continuato daun anonimo fino al 1542, annotazioni.* Iodoco Del Badia. Firenze: G. C. Sansoni editore.

Livy. 1924. *Ab Urbe Condita.* Vol. 3, edited by Benjamin O. Foster. Cambridge, MA: Harvard University Press.

Livy. 1952. *Ab Urbe Condita.* Vol. 6, edited by Frank G. Moore. Cambridge, MA: Harvard University Press.

Livy. 1976 [1919]. *Ab Urbe Condita.* Vol. 1, edited by Benjamin O. Foster. Cambridge, MA: Harvard University Press.

Machiavelli, Bernardo. 1954. *Libro di Ricordi*, cura. Cesare Olschki. Firenze: F. Le Monnier.

Machiavelli, Niccolò. 1964. *Legazioni e commisari.* cura. Sergio Bertelli. Milano: Feltrinelli.

Machiavelli, Niccolò. 1984. *Discorsi sopra La Prima Deca di Tito Livio.* intro. Gennaro Sasso, note. Giorgio Ingeles. Milano: Biblioteca Universale Rizzoli.

Machiavelli, Niccolò. 1995. *Il Principe.* cura. Giorgio Inglese. Torino: Einaudi.

Machiavelli, Niccolò. 1995. *Opere di Niccolò Machiavelli.* cura. Rinaldo Rinaldi. Vol. 1 – 4. Torino: Union Tipografico-Editrice Torinese.

Max Weber. 1994. "The Profession and Vocation of Politics", in Political Writings, edited & translated by Peter Lassman & Ronald Speirs. Cambridge: Cambridge University Press, 365 – 369.

Mazzini, Giuseppe. 2009. *A Cosmopolitanism of Nations.* edited by Stefano Recchia and Nadia Urbinati. Princeton: Princeton University Press.

McCormick, John. 2011. *Machiavellian Democracy.* New York: Cambridge University Press.

Nanami Shiono. 1995. *My Friend, Machiavelli.* trans. Junghwan OH, Paju: Hangilsa.

Parel, Anthony. 1992. *The Machiavellian Cosmos.* New Haven: Yale University Press.

Pedullà, Gabriele. 2011. *Machiavelli in tumulto, Conquista, cittadinanza e conflitto nei Discorsi sopra la prima deca di Tito Livio.* Roma: Bulzoni Editore.

Plato. 2001. *Euthyphro, Apology, Crito, Phaedo, Phaedrus.* trans. W. R. M. Lamb. Cambridge: Harvard University Press.

Quentin Skinner. 1990. "Machiavelli's Discorsi and the pre-humanist origins of republican ideas", in *Machiavelli and Republicanism, edited by Gisela Bock, Quentin Skinner, and Maurizio Viroli.* New York: Cambridge University Press, 121 – 141.

Quintilian. 1920. *Quintilian.* Vol. 1. trans. Harold E. Butler. New York: G. P. Putnam's Sons.

Rahe, Paul. 2009. *Against Throne and Altar, Machiavelli and Political The-*

ory under the English Republic. New York: Cambridge University Press.

Ridolfi, Roberto. 1954. *Vita di Niccolò Machiavelli.* Roma: Angelo Belardetti Editore.

Sallust. 1921. *Sallust.* trans. John C. Rolfe. New York: G. P. Putnam's Sons.

Sasso, Gennaro. 1980. *Niccolò Machiavelli, Storia del suo pensiero politico.* Bolgona: Il Mulio.

Savonarola, Girolamo. 1965. *Prediche sopra Aggeo, cura.* Luigi Firpo. Roma: A. Belardetti.

Scala, Bartolomeo. 1997. "De Legibus et Iudiciis Dialogus", in *Bartolomeo Scala, Humanistic and Political Writings*, edited by Alison Brown. Tempe, AZ: Arizona State University, 338 – 364.

Schellhase, Kenneth C. 1976. *Tacitus in Renaissance Political Thought.* Chicago: University of Chicago Press.

Strauss, Leo. 1958. *Thoughts on Machiavelli.* Chicago: University of Chicago Press.

Strauss, Leo. 1964. *City and Man.* Chicago: University of Chicago Press.

Tacitus. 1914. *Dialogus, Agricola, Germania*, trans. Maurice Hutton and William Peterson. New York: Macmillan Co.

Viroli, Maurizio. 1995. *For Love of Country.* New York: Oxford University Press.

Viroli, Maurizio. 2002. *Republicanism.* New York: Hill and Wang.

Viroli, Maurizio. 2005. *Il Dio di Machiavelli, e Il Problema Morale Dell' Italia.* Bari: Editori Laterza.

Voegelin, Eric. 2000. *Modern without Restraint*, edited *by Hanfred Henningsen*, Columbia: University of Missouri Press.

Wolin, Sheldon. 2004. *Politics and Vision.* Princeton, NJ: Princeton University Press.

Xenophon. 1989. *Scripta Minora*, trans. E. C. Marchant & G. W. Bowersock. Cambridge: Harvard University Press.